RACINES SACRÉES

UNE INTRODUCTION À LA RÉCUPÉRATION DE LA GRANDE TRADITION

Dr. Don L. Davis

DEUXIÈME ÉDITION

The Urban Ministry Institute, *un ministère de* World Impact, Inc.

Racines sacrées: Une introduction à la Récupération de la Grande Tradition

The Urban Ministry Institute
3701 E. 13th Street
Wichita, KS 67208

ISBN: 978-1-62932-416-6

Publié par TUMI Press
Une division de World Impact, Inc.

The Urban Ministry Institute est un ministère de World Impact, Inc.

Ce livre est dédié à tous les étudiants—
anciens, presents et futurs—
de The Urban Ministry Institute,
partout dans le pays et dans le monde entier,
qui font partie de notre réseau de satellites TUMI,
et sont au service du Christ ressuscité
dans leurs vies et leurs ministères.
Ils sont de véritables disciples du Seigneur,
des pélerins vivant sur le Chemin,
et de véritables guerriers de
Christus Victor.
A travers eux, l'Esprit-Saint
incarne et manifeste
la beauté de l'Histoire de Dieu
dans des endroits les plus
désespérés de la planète.

TABLE DES MATIÈRES

PARTIE II: VIVRE LA VIE

ANNEXE : RESSOURCES POUR LE PARCOURS

À PROPOS DE L'AUTEUR

Le révérend Dr Don L. Davis est le Directeur Éxécutif de *The Urban Ministry Institute* et Vice-président Principal de World Impact. Il a étudié au Collège Wheaton et à l'école supérieure de Wheaton, et a obtenu une distinction summa cum laude pour ses diplômes de licence (1988) et de maîtrise (1989), respective-ment, en Études Bibliques et en Théologie Systématique. Il a obtenu son doctorat en Religion (Théologie et Éthique) au Collège de religion d'Iowa.

En tant que Directeur Éxécutif de l'Institut et Vice-président Principal de Wor-ld Impact, il supervise la formation des missionnaires urbains, des implanteurs d'églises et des pasteurs urbains, et facilite les opportunités de formation pour les ouvriers chrétiens urbains en matière d'évangélisation, de croissance des églises et de missions pionnières. Il dirige également les vastes programmes d'enseigne-ment à distance de l'Institut et facilite les efforts de développement du leadership pour des organisations et des dénominations telles que Prison Fellowship, l'Église évangélique libre d'Amérique, et l'Église de Dieu en Christ.

Le Dr Davis, récipiendaire de nombreux prix académiques et d'enseignement, a été professeur et membre de facultés dans diverses institutions académiques renommées, ayant fait des conférences et donné des cours de religion, de théo-logie, de philosophie et d'études bibliques dans des écoles telles que le Collège Wheaton, l'Université St. Ambrose, l'école supérieure de théologie de Houston, le Collège de religion de l'Université d'Iowa, l'Institut Robert E. Webber d'études sur le culte. Il est l'auteur d'un certain nombre de livres, de programmes d'enseignement et de matériels d'études destinés à équiper les leaders urbains, y compris *Le Programme d'études Capstone*, Le séminaire d'enseignement à distance de TUMI, composé de seize modules principaux, *Racines sacrées: Une introduction à la Récupération de la Grande Tradition* qui se concentre sur la façon dont les églises urbaines peuvent être renouvelées par une redécouverte de la foi orthodoxe historique, et *Noir et Humain : Redécouvrir King comme une Ressource pour la Théologie et l'Éthique Noires.* Dr Davis a participé à des conférences universitaires telles que la série de *Staley Lecture*, à des conférences de renouveau telles que les rallyes de *Promise Keepers*, et à des consortiums théologiques tels que la série de *Lived Theology Project* de l'université de Virginie. Il a reçu le Prix de distinction d'*Alumni Fellow* du Collège d'arts libéraux et des sciences de l'Université d'Iowa en 2009. Dr Davis est également membre de la Société de littérature biblique et de l'académie américaine de religion

REMERCIEMENTS

Toute bonne cause et tout effort louable ne peuvent jamais être le produit du travail d'une seule personne. Un bref abécédaire comme celui-ci sur la promesse de la spiritualité et de la mission urbaines est le produit de nombreuses discussions, réflexions, échanges, débats et conversations. Tant de chers amis, collègues et étudiants ont contribué à façonner notre compréhension continue de la Grande Tradition et des racines puissantes et profondes que nous y avons. À mes plus chers collègues de l'Institut, mon épouse Beth depuis 35 ans, ainsi que Dan et Carolyn Hennings, Lorna Rasmussen, Julie Cornett, Tim Ladwig et Don Allsman – leurs encouragements et leur amitié (ainsi que ceux de notre équipe nationale de TUMI) continuent d'être une inspiration dans mon cheminement personnel et un puissant stimulant pour des approches toujours plus créatives de la formation spirituelle et de la mission urbaine. Je tiens à exprimer ma reconnaissance spéciale à toute notre famille World Impact, à l'ensemble du réseau des satellites de TUMI, aux bénévoles, aux coordinateurs de sites, aux mentors et aux étudiants, dont la faim et le zèle continuent de soutenir une grande partie de ce que je considère comme l'espoir d'un véritable renouveau dans les centres villes d'Amérique et du monde.

Je dois adresser des remerciments particuliers à mon cher partenaire de conversation théologique, Terry Cornett, dont l'esprit vif, l'humour pince-sans-rire et la passion authentique pour l'ancienne Église indivise m'ont profondément marqué au fil des ans. Depuis les premiers jours de notre rencontre à Wichita il y a plus de quinze ans, nous avons entretenu une conversation régulière, ambitieuse et très animée sur nos Racines Sacrées et sur l'espoir d'une spiritualité dynamique en milieu urbain, qui s'inspire et croît à partir de ces racines. Ces pages ont été en grande partie élaborées à partir de conversations avec lui, ou plus encore, ont même été plagiées avec révérence à partir de documents que nous avons co-écrits et/ou de matières que nous avons co-enseignées à la Hope School of Ministry au fil des ans. Sa contribution à mon égard et à notre spiritualité commune à TUMI est inestimable.

Enfin, je remercie sincèrement la communauté de l'Ordre religieux missionnaire d'ici, dont je fais partie, et notre démarche « à feu doux » de spiritualité partagée au fil des ans. Les idées de ce livre ne sont ni abstraites ni non testées. Ce qui est vraiment bon et clair dans cet abécédaire est largement dû à l'affûtage, au polissage et à l'édition que nos propres voyages spirituels ont eu sur mon esprit. Nous avons cherché à goûter et à voir que le Seigneur est bon dans notre expérience de nos Racines Sacrées, en réaffirmant dans nos vies l'histoire de Dieu. Notre propre culte, nos prières, notre enseignement, la célébration de l'Eucharistie, les temps de retraite et de silence, l'étude et la discussion, ces expériences variées m'ont convaincu que ce que nous préconisons ici est pratique, destiné à être vécu et non une simple spéculation vide. Ces réflexions sur la promesse de renouveler l'Église à travers une redécouverte des anciennes formes de théologie, de culte, de discipulat et de mission ont été vécues dans notre communauté pendant des années. C'est dans cette richesse et cette grâce que j'offre ces réflexions, en espérant qu'elles inciteront d'autres personnes à séjourner comme des pèlerins sur le Chemin ou, pour changer de métaphore, comme des branches puisant dans les Racines Sacrées de la Grande Tradition de la foi.

Don L. Davis
24 Février 2010

sacred · roots

INTRODUCTION

QU'EST-CE QUE « LES RACINES SACRÉES ? »

Souvenez-vous de ce qui s'est passé dès les temps anciens; Car je suis Dieu, et il n'y en a point d'autre, Je suis Dieu, et nul n'est semblable à moi. ~ És. 46:9

Je rappellerai les oeuvres de l'Éternel, Car je me souviens de tes merveilles d'autrefois; Je parlerai de toutes tes oeuvres, Je raconterai tes hauts faits.
~ Ps. 77:11-12

Éternel, souviens-toi de moi dans ta bienveillance pour ton peuple! Souviens-toi de moi en lui accordant ton secours, Afin que je voie le bonheur de tes élus, Que je me réjouisse de la joie de ton peuple, Et que je me glorifie avec ton héritage!
~ Ps. 106:4-5

Rappelle à ton souvenir les anciens jours, Passe en revue les années, génération par génération, Interroge ton père, et il te l'apprendra, Tes vieillards, et ils te le diront.
~ Deut. 32:7

Or, si les prémices sont saintes, la masse l'est aussi; et si la racine est sainte, les branches le sont aussi. ~ Rom. 11:16

Ce livre est conçu comme une amorce, un premier mot, une introduction, pour vous et pour d'autres, des racines fondamentales de la foi chrétienne—racines qui, selon ce que je vais présenter, peuvent revitaliser notre foi, dynamiser notre culte, renouveler notre formation spirituelle et bénir notre évangélisation et notre témoignage.

Racines Sacrées est notre terme abrégé pour désigner la Grande Tradition de l'Église, c'est-à-dire le dépôt de la foi, de la pratique et de l'espérance qui a servi de colonne vertébrale (pour utiliser une métaphore) à l'Église depuis le début, et ce que, selon mes arguments, est également la clé du renouveau de l'Église contemporaine. Objectivement, cela comprend notre redécouverte de l'histoire de Dieu dans les Ecritures qui présente en détail l'oeuvre redemptrice du Dieu trinitaire pour nous, le tout se culminant dans l'oeuvre de propitiation du Christ pour le monde. Du point de vue subjectif, cela comprend l'acte correspondant de foi, de culte, de discipulat et de témoignage de l'Église qui a été exprimé par son peuple tout au long de l'histoire de l'Église, en raison de cette même œuvre.

Depuis des années, j'ai été profondément encouragé par les érudits, les leaders de louange, les pasteurs et les ouvriers de sensibilisation qui cherchent à renouveler l'Église en général en réaffirmant leur confiance en la révélation et la redemption de Dieu en Jésus-Christ dont témoignent les Écritures et qui ont été léguées par le peuple de Dieu. Cette communauté croissante de chrétiens bibliques et missionnaires est dediée à l'idée que la redécouverte de l'histoire biblique du salut de Dieu en Christ, articulée dans l'ancienne tradition chrétienne, peut enrichir et fortifier l'église urbaine aujourd'hui.

Inspiré par *L'appel de Chicago* de 1977, et le plus récent intitulé *Un Appel à Un Ancien Avenir Evangélique*, documents rédigés et inspirés par le regretté Dr Robert Webber et ses partisans, *Racines Sacrées* cherche à recouvrer dans son intégralité la foi et la pratique chrétiennes développées à partir des Écritures depuis l'époque du Seigneur Jésus-Christ jusqu'au milieu du cinquième siècle. TUMI cherche à comprendre cette tradition en tant que racines sacrées de notre identité chrétienne, et s'engage à explorer les moyens par lesquels cette tradition peut renouveler la foi et la mission évangéliques parmi les pauvres en milieux urbains.

Dans la vie, le ministère, la mort et la resurrection de Jésus-Christ, nous qui croyons, nous trouvons les racines fondamentales de toute théologie et tout culte chrétiens authentiques. En tant qu'accomplissement de l'ancienne promesse d'alliance faite par Dieu à Abraham et aux patriarches, Jésus de Nazareth a inauguré et représente maintenant le règne de Dieu présent dans l'histoire – c'est lui dont tous les prophètes et tous les apôtres ont rendu témoignage, et dont toutes les Écritures attestent.

Dans le même ordre d'idées, les racines du culte, de la spiritualité, de la théologie et de la mission de l'Église se trouvent dans les vérités fondamentales de la foi chrétienne contenues dans les écrits bibliques des Apôtres, articulées par les Pères et exprimées dans le Credo de Nicée. Aujourd'hui, cette tradition commune sous-tend nos diverses traditions dénominationnelles historiques, et nous croyons qu'elle a le pouvoir de les enrichir et de les habiliter à développer de nouvelles perspectives dans la mission et la justice en milieu urbain. Réaffirmer notre héritage de foi partagé et sacré peut nous permettre d'affirmer que l'Église de Jésus est une seule Église, et nous aider à éviter les effets du sectarisme historique et des rivalités amères.

Dans nos efforts pour renouveler l'Église urbaine en retrouvant ses racines sacrées, nous essayons délibérément de rassembler les églises, les pasteurs et les associations urbaines afin de recouvrer la propre histoire biblique du salut qui s'est déroulée avec Abraham et le peuple d'Israël. Nous récupérons la Grande Tradition de l'Église afin de retrouver le témoignage prophétique et apostolique de Jésus-Christ présenté dans la Bible et pour recentrer nos cultes et témoignage sur les racines des Ecritures. Ces racines sont sacrées, c'est-à-dire que c'est en elles et en elles seules que nous parvenons à connaître l'histoire de l'amour de Dieu en Christ. Par la foi en lui, nous faisons de cette histoire (son histoire) la nôtre. Ces racines, une fois récupérées et embrassées, peuvent renouveler et rafraîchir toutes les branches de la spiritualité et de la mission en milieu urbain. La théologie, le culte, le discipulat et l'action de l'Église urbaine contemporaine peuvent être enrichis et transformés en rétablissant la sagesse incarnée dans le témoignage et la pratique de l'Église ancienne.

Ceux qui ont une certaine affinité avec les *Racines sacrées* cherchent à encourager les responsables chrétiens urbains, les congrégations, les associations et les dénominations à redécouvrir la puissance du concept de *Christus Victor* de la Grande Tradition, et à restaurer dans leur culte et leur mission la perspective et la passion de l'Église ancienne. Ce riche héritage de foi, de théologie et d'action est le patrimoine spiriterité de tous les croyants et précède les différences entre la pensée catholique romaine, orthodoxe et protestante. Elle affirme sans réserve la confession prophétique et apostolique des Écritures concernant les actes de Dieu dans l'histoire en la personne de Jésus-Christ. Cela inclut l'histoire d'Abraham et des patriarches, la nation d'Israël, la vie de Jésus et des Apôtres, et l'ancienne Église de Dieu.

Ce livre est divisé en trois parties. La première partie, intitulée *Plaider la cause*, vise à présenter un raisonnement global expliquant pourquoi nous sommes obligés redécouvrir la foi et la pratique de l'ancienne Église indivise. Cette partie se termine par une section intitulé *Ressources pour plaider la cause, qui constitue* un coffre aux trésors comprenant des graphiques et des articles clés conçus pour vous aider à mieux comprendre l'importance d'intégrer toutes choses autour de la vision et du drame des Écritures. La deuxième partie : *Vivre la vie*, propose des moyens spécifiques pour s'approprier nos racines sacrées au profit de notre théologie, de notre culte, de notre discipulat et de notre mission, personnellement dans nos familles et nos congrégations, et au sein de nos traditions et de nos communautés de foi au sens large. Elle se termine également par une section appelée *Ressources pour vivre la vie*, qui fournit aussi quelques graphiques pertinents qui détaillent comment l'histoire de Dieu peut être intégrée dans les différentes parties de notre vie corporelle et de notre mission.

Enfin, la section *Annexe* vous fournit un résumé factuel concernant World Impact, notre organisation missionnaire chrétienne interconfessionnelle et le ministère-mère de TUMI, ainsi qu'un bref aperçu de l'Institut et de ses efforts continus pour créer des partenariats pour la mission. J'ai également inclus un exemplaire du livre intitulé *Un appel à un avenir* évangélique *ancien*, écrit par mon ancien professeur de Wheaton, Robert Webber, qui est parti rejoindre le Seigneur en 2007. Ses efforts inlassables pour que l'église contemporaine soit influencée par la Grande Tradition de l'Église m'ont beaucoup inspiré ces plus de 20 dernières années, et *Racines Sacrées* est en grande partie une application sophistiquée d'une grande partie de la pensée du Dr Webber.

Encore une fois, ce livre n'est qu'une amorce, une première lecture, une présentation générale de la richesse de l'histoire de Dieu. Cette histoire constitue le narratif que la Grande Tradition de l'Église cherchait à défendre et à incarner. Pour ceux qui souhaitent en savoir plus sur la Grande Tradition et sur la manière dont elle peut revitaliser leur cheminement spirituel personnel, leur pastorat et leur congrégation, voire leur tradition, veuillez consulter notre site Web à l'adresse www.tumi.org/sacredroots. Vous y trouverez des articles, des ressources, des vidéos, des enseignements audio et une foule d'autres documents conçus pour vous aider à entrer pas à pas dans la richesse de nos racines communes de théologie et de pratique. Vous serez plus indulgent à l'égard de ce traité si vous réalisez qu'il s'agit d'une simple introduction et non d'un répertoire exhaustif. Néanmoins, il y a suffisamment de choses ici pour vous donner un véritable argument sur la raison pour laquelle nous devons retourner à nos racines communes si nous voulons à l'avenir donner un témoignage convaincant du Christ dans la ville.

Nous espérons que cette image générale et fondamentale de l'ensemble des grandes lignes vous incitera à étudier et à réfléchir plus profondément et, si l'Esprit vous y conduit, à faire un effort sincère et dévoué pour rendre réelle dans votre expérience la foi dynamique de l'ancienne Église indivise. Leur vision, leur culte, leur formation spirituelle et leur témoignage ont permis d'offrir un témoignage convaincant du Christ dans un monde et à une époque profondément perdus, peu clairs et impies. Notre temps est venu de témoigner de l'histoire de Dieu dans notre monde, et de le faire avec le même zèle, la même clarté et la même passion que nos ancêtres et nos pères de la foi.

C'est notre temps, et nous pouvons remplir notre rôle dans le Royaume de Dieu en redécouvrant simplement qui nous sommes en ce jour d'incertitude et de peur.

Don Davis

SACRED · ROOTS

PARTIE I

PLAIDER LA CAUSE

Trempez-vous, trempez-vous et trempez-vous sans cesse dans la seule grande vérité dont vous avez eu une vision ; apportez-la avec vous au lit, dormez avec elle, levez-vous le matin avec elle, rendez votre imagination continuellement captive de celle-ci, et lentement et sûrement, au fil des mois et des années, Dieu fera de vous un de ses spécialistes de cette vérité particulière.

~ Oswald Chambers (1874-1917)

Je rappellerai les oeuvres de l'Éternel,
Car je me souviens de tes merveilles d'autrefois;
Je parlerai de toutes tes oeuvres,
Je raconterai tes hauts faits.

~ Psalm 77:11-12

SACRED • ROOTS

CHAPITRE 1

DE L'ESPRIT DE QUI SOMMES-NOUS ?

Introduction aux raisons de notre effort pour recouvrer la Grande Tradition pour l'église de la ville.

En théologie et en matière de culte, de discipulat et de mission, rien n'est plus important que de connaître votre héritage spirituel, c'est-à-dire les racines de vos origines spirituelles, le Rocher proverbial duquel vous avez été formé.

Afin de découvrir les origines de notre propre héritage, nous devons faire des recherches généalogiques spirituelles, pour ainsi dire, afin de détecter plus précisément ce qui constitue les racines de notre foi en Jésus-Christ.

Comme tous les croyants du monde entier, nous qui nous considérons comme étant des disciples de Jésus de Nazareth, nous croyons que, à travers son incarnation, le Royaume de Dieu est venu sur terre. Bien qu'elle ne soit pas entièrement consommée, la venue du Verbe fait chair (Jean 1:14-18) dans le monde signifie que le long règne de la malédiction a été brisé par la mort, l'ensevelissement et la résurrection de Jésus-Christ. En tant que notre Seigneur et Messie, Jésus a libéré son people de l'oppression du diable, la condamnation de la Loi et du pouvoir du péché et de la mort. En raison de cette liberté que Christ a donné au peuple de Dieu, nous pouvons maintenant explorer et employer des formes différentes de culte et de service à Dieu dans l'Église, à condition, bien sûr, que nous restions fidèles à l'Évangile et ancrés à la tradition apostolique telle qu'exprimée dans les Saintes Ecritures.

Tout au long de l'histoire de l'Église, les Chrétiens ont exprimé en Jésus leur liberté de changer, de se transformer, et d'abréger ou modifier leurs structures, habitudes, et pratiques. Cette liberté a été confirmée sur la base du consentement des églises et de leurs dirigeants dûment mandatés, et toujours en vue de glorifier Dieu en Christ.

Ces expressions, chaque fois qu'elles sont valables, cherchent à recouvrer dans une expression plus riche, l'intégralité de notre héritage chrétien, guidé par le Saint-Esprit. En vérité, notre liberté en Christ nous permet de suivre nos consciences lorsque nous exprimons notre culte et notre service d'une manière conforme à l'Écriture. Tous les peuples de toutes les cultures qui suivent Christ dans l'obéissance sont obligés d'exprimer leur amour et leur affection envers Dieu d'une manière conforme à leurs propres coutumes et pratiques.

Sans aucun doute, l'œuvre de Dieu en Christ a été accomplie en faveur de tous les peuples du monde, et de toute la création en général. Dans des dizaines de milliers de cultures humaines, la Bonne Nouvelle de l'amour de Dieu en Christ a été annoncée, incarnée et reproduite. Dans chaque culture où l'Esprit a amené les gens à se confier en Christ, les croyants apprennent et confessent l'unique vraie foi, l'Évangile du salut, qui a donné naissance au salut et aux communautés chrétiennes depuis les extrémités de la terre dans le monde entier. Cette libre expression et incarnation du Christ dans la culture est essentielle lorsque les membres d'un groupe ethnique confessent et obéissent à Christ comme Seigneur de tous.

Bien que l'Évangile a été librement diffusé à travers le monde, il n'a pas changé, et son message fondamental reste inaltéré et pur. Aucune génération de croyants n'est libre de modifier le message de la vision biblique du Royaume de Dieu ; ce message est fixe et immuable. Cependant, nous affirmons aussi volontiers que notre identité évangélique formée par l'Évangile permet et exige que nous fassions tout ce qui est en notre pouvoir pour donner une expression pleine et fraîche à la signification de l'Évangile de Jésus-Christ dans le contexte de notre culture et de notre communauté.

Aujourd'hui, l'Église évangélique contemporaine se trouve impactée par et située dans une ère de postmodernisme, de religion civile, d'hédonisme, de pragmatisme et d'égocentrisme. Ces vents culturels de compromis et de changement ont tous (à un certain degré) influencé le culte et le service du corps du Christ dans nos diverses traditions et expressions culturelles de notre foi. Ces défis nécessitent une nouvelle découverte et une réaffirmation de la foi livrée une fois pour toutes au peuple de Dieu. Pour faire face à ces menaces et profiter des opportunités actuelles, nous devons chercher à être transformés, renouvelés et élargis par l'histoire chrétienne afin de rendre un témoignage plus authentique du Christ et de son royaume.

L'une des sources les plus riches pour la transformation, le renouvellement de la foi et le discipulat se trouve dans notre récupération de la Grande Tradition, c'est-à-dire les doctrines, les pratiques et les structures employées par l'Église ancienne lorsqu'elle cherchait à exprimer la vérité concernant Jésus-Christ. La foi et les pratiques de l'Église ancienne sont la source qui fait autorité pour toutes nos pratiques confessionnelles chrétiennes.

En termes de temps, la Grande Tradition peut être mesurée à partir de la période comprise entre l'époque du Christ et le milieu du cinquième siècle. Cette « tradition qui se trouve derrière toutes les expressions chrétiennes particulières » a cherché à articuler, exprimer et défendre fidèlement ce que les Apôtres nous ont légué, et à incarner son enseignement, son culte, son discipulat et son expérience. La Grande Tradition précède et est la source de nos emphases spécifiques au niveau des associations et des dénominations, et représente le fondement de toute pensée et pratique chrétienne contemporaine valable. Depuis le début, les chrétiens ont cru, adoré, été formés par et témoigné de la même histoire décrite dans les Écritures. Pour nous, le Dieu qui a créé, qui a fait une alliance avec Abraham, qui a racheté Israël et qui s'est incarné en la personne du Christ, est véritablement le Dieu de l'Église et de tous les croyants en Jésus-Christ.

Pourquoi devrions-nous prêter attention à l'Église ancienne ? Sommes-nous confrontés à notre propre tentative de redécouvrir « la pratique de l'Église du Nouveau Testament » d'une manière qui ne tient pas compte des différences historiques et ignore comment l'Esprit a travaillé dans l'Église à travers les âges ? Non ! Notre tentative de comprendre nos racines communes n'est pas un rejet de ce que le Saint-Esprit a fait et fait encore dans et à travers l'Église au cours de l'histoire. Nous estimons plutôt que la redécouverte de nos racines communes peut nous permettre de trouver des moyens nouveaux et dynamiques de réaffirmer notre véritable identité spirituelle et de communiquer à nouveau l'Évangile à nos voisins d'aujourd'hui.

Étant passionnément transformée par la présence du Christ ressuscité, l'ancienne Église indivise a enduré les défis du schisme, de l'hérésie, du paganisme, de la domination impériale et de l'immoralité sociale. Elle a surmonté la redoutable attaque de la tromperie gnostique (cette ancienne hérésie qui remettait en question la nature humaine du Christ), et a résisté à l'avancée d'un certain nombre d'hérésies vicieuses, toutes conçues pour saper la clarté et la vérité de l'Évangile. Les premiers chrétiens ont exprimé une foi qui résumait et défendait l'enseignement des Apôtres et ont établi des structures de culte qui ont conduit leurs membres (dont beaucoup étaient pauvres et opprimés) à une espérance vivante et dans la présence du Christ.

Il ne fait aucun doute que l'ancienne Église indivise était une communauté centrée sur Christ. La plupart de ses conciles et de ses credo avaient pour thème la personne du Christ, son œuvre et son autorité au sein de son peuple. L'Église ancienne, qui se gouvernait selon une vision du conseil de dirigeants ayant prêté serment d'allégeance au Seigneur Jésus, définissait la spiritualité en termes de peuple de Dieu qui revivait, reproduisait et incarnait la vie et l'œuvre de Jésus dans le baptême en Christ (catéchuménat). Cette spiritualité s'exprimait par le rythme de la célébration du Jour du Seigneur, la pratique de l'année chrétienne et une spiritualité commune à toutes les églises. Plutôt que de succomber à la pression sociétale, ces croyants ont vécu une foi qui leur a permis de représenter noblement le Royaume de Dieu à leur époque et d'établir la fondation et un exemple à suivre pour nous aujourd'hui.

Pour cette raison, nous sommes convaincus qu'une récupération critique de la Grande Tradition peut améliorer notre capacité aujourd'hui à témoigner du Royaume dans une société troublée et perdue.

Soyons clairs quant à nos objectifs dans cet effort. Notre récupération de la Grande Tradition n'affirme pas naïvement que tout ce que l'Église primitive croyait et pratiquait devrait être reproduit aujourd'hui, indépendamment de ce qu'elle affirmait ou faisait. De plus, nous ne suggérons pas non plus qu'ils étaient une communauté parfaite. Nous pensons qu'il est erroné et non biblique de préconiser un retour nostalgique pour simplement répéter ce qu'ils faisaient de manière simiesque et irréfléchie. Cela va à l'encontre de notre conviction biblique de la noblesse de l'esprit des béréens (qui ont même vérifié l'enseignement de l'apôtre Paul par rapport aux Écritures, cf. Actes 17:11) et de notre héritage protestant d'être réformé et de toujours réformer. En vérité, notre époque est la nôtre et nous ne pouvons pas simplement tenter de retourner au « bon vieux temps » de la communauté primitive. Qu'on le veuille ou non, cela fait plus de 2000 ans que l'Église de Jésus-Christ a été fondée, et l'Esprit de Dieu a été actif tout au long de cette histoire, en dépit de tous ses ralentisseurs et ses meurtrissures.

Plutôt que de chercher un retour nostalgique, nous désirons apprendre de la Grande Tradition afin de faire face à nos défis en cette heure pressante. Nous sommes convaincus que la redécouverte de cette Tradition peut donner aux leaders urbains et à leurs congrégations les moyens de résister aux tentations de notre époque, et les aider à garder espoir et courage face au mal sociétal et spirituel. Par-dessus tout, embrasser la Grande Tradition peut permettre à tous ceux d'entre nous qui aimons Christ de se reconnecter avec les origines historiques de notre foi, et d'être transformés à nouveau en retournant aux racines sacrées de notre source spirituelle - la tradition apostolique canoniquement informée par l'Écriture, culminant dans la personne et l'œuvre glorieuses de notre Seigneur Jésus ressuscité. Retrouver la Grande Tradition peut nous permettre d'affirmer notre passé, de vivre courageusement dans notre présent, et d'anticiper notre avenir et le règne à venir de Dieu en Christ.

J'ai beaucoup parlé de la nécessité de retrouver nos racines communes dans la Grande Tradition. Comment devons-nous alors la définir exactement, et qu'est-ce que cela implique précisément ? Ce sujet fera l'objet de notre prochain chapitre.

SACRED · ROOTS

CHAPITRE 2

ALLER DE L'AVANT EN REGARDANT EN ARRIÈRE

Vers une récupération évangélique de la Grande Tradition

Dans un merveilleux petit livre, Ola Tjorhom[1] décrit la Grande Tradition de l'Église comme étant « vivante, organique et dynamique ».[2] La Grande Tradition représente le noyau évangélique, apostolique et catholique de la foi et de la pratique chrétiennes qui s'est largement développé entre 100 et 500 après J.-C. Son riche héritage et ses trésors représentent la confession de l'Église de ce qu'elle a toujours cru, le culte que l'ancienne Église indivise célébrait et incarnait et la mission qu'elle embrassait et assumait. Nous verrons dans notre prochain chapitre sur les traditions, que la Grande Tradition ne peut être considérée comme un substitut ou un remplacement de la Tradition apostolique (c'est-à-dire la source faisant autorité de toute la foi chrétienne – les Écritures). De plus, notre engagement envers la Grande Tradition ne devrait pas éclipser notre affirmation et notre expérience de la présence vivante du Christ dans l'Église par le Saint-Esprit. Néanmoins, en tant que reflet de notre foi et de notre pratique communes, la Grande Tradition a fourni au peuple de Dieu à travers les âges la substance de sa confession et de sa foi, et nous croyons qu'elle peut continuer à le faire aujourd'hui avec clarté et puissance, en particulier pour les habitants des villes d'Amérique et du monde.

---

[1] Ola Tjorhom. *Visible Church–Visible Unity: Ecumenical Ecclesiology* and *"The Great Tradition of the Church."* Collegeville, Minnesota: Liturgical Press, 2004.

[2] *Ibid.*, p. 35.

Je suis d'accord avec de nombreux érudits évangéliques d'aujourd'hui qui croient de tout cœur que la voie à suivre pour une foi dynamique renouvelée et un renouveau spirituel de l'Église contemporaine implique notre capacité à redécouvrir nos racines communes ; nos racines sacrées de la théologie, du culte, de la discipulation et de la mission incarnées dans l'ancienne Église indivise. Il s'agit de l'Église avant les divers schismes, divisions et aliénations qui ont marqué notre pratique ecclésiale historique à travers les âges. C'est à ce corps que nous sommes redevables de nos croyances les plus fondamentales et de nos pratiques essentielles en tant que croyants du monde entier, et il nous offre la meilleure chance de renouveler notre foi qui, au fil des siècles, est devenue de plus en plus divisée, provinciale et sectaire.

Si nous voulons revitaliser la vision et la mission de notre église contemporaine, nous devons nous pencher sérieusement, avec révérence et de manière critique sur notre histoire commune, nos racines sacrées. Encore une fois, nous ne regardons pas en arrière et n'étudions pas nos racines avec des nostalgies sentimentales pour le « bon vieux temps » d'une église primitive immaculée et sans problèmes, ni avec une tentative naïve et même futile d'imiter leur parcours héroïque de foi. Au contraire, avec un œil critique sur l'histoire, un esprit pieux de respect pour l'ancienne Église et un engagement profond envers l'Écriture, nous cherchons à redécouvrir à travers nos racines sacrées, c'est-à-dire la Grande Tradition de l'orthodoxie chrétienne, ce qui représente pour nous les graines de notre foi historique définitive, ainsi qu'une foi contemporaine nouvelle, authentique et puissante. Ce qui est en jeu dans cette récupération n'est rien de moins qu'une spiritualité dynamique qui affirme et incarne les croyances et pratiques fondamentales de l'Église mondiale – une spiritualité qui évite les horribles divisions de l'histoire de l'Église et les fragmentations de la vie ecclésiale contemporaine.

Bien, puisque nous croyons que nous sommes au moins obligés de regarder à nouveau l'Église primitive et sa vie, ou mieux encore, nous sommes même assez convaincus pour récupérer la Grande Tradition dans l'intérêt du renouveau de nos églises aujourd'hui, qu'est-ce que nous espérons exactement récupérer ou recouvrer ? Comment une telle récupération devrait-elle avoir lieu ? Devons-nous accepter sans critique tout ce que l'Église ancienne a dit et fait comme « évangile », considérant leur pensée et leur pratique comme véridiques simplement parce qu'elles étaient plus proches dans le temps et dans l'espace des événements extraordinaires de Jésus de Nazareth dans le monde ? Leur façon de faire, étant ancienne, est-elle vraiment « au goût du jour » en soi ?

Nous répondons sans équivoque : non ! Nous ne devons pas considérer les cinq premiers siècles de la foi comme une sorte de zone « sans hérésie ni immoralité », ce qui suggère que tout ce qu'ils ont fait et dit est au-delà de la critique et de l'examen. Nous ne devrions pas non plus suggérer que toute chose ancienne, en soi, est de ce fait vraiment bon. Pour nous, la vérité est plus que des idées ou des affirmations anciennes ; pour nous, la vérité s'est incarnée dans la personne de Jésus de Nazareth, et les Écritures expriment de manière souveraine et définitive la signification de sa révélation et de son salut dans l'histoire. Nous ne pouvons pas accepter des choses simplement parce qu'elles sont supposées avoir été faites ou commencées dans le passé. Étonnamment, la Grande Tradition elle-même nous invite à faire preuve d'esprit critique, à lutter pour la foi transmise aux saints une fois pour toutes (Jude 3). Nous sommes appelés à embrasser et à célébrer la tradition reçue des Apôtres, enracinée et interprétée par les Saintes Écritures elles-mêmes, et exprimée dans la confession et la pratique chrétiennes.

Alors que Tjorhom propose sa propre liste de dix éléments du contenu théologique de la Grande Tradition qui, selon lui, méritent d'être réinterprétés et considérés[3], je crois qu'il existe sept dimensions claires de cette foi et de cette pratique chrétiennes fondamentales que nous devrions chercher à comprendre. D'un point de vue biblique et spirituel, je crois que ces sept dimensions peuvent nous aider à comprendre ce que l'Église primitive croyait, et ce que ces croyances signifiaient pour leur culte, leur discipulat et leur rayonnement dans la société où elle vivait. Sans aucun doute, ces croyants ont défendu notre foi vivante en Jésus-Christ et ont témoigné avec audace de sa promesse de salut au milieu d'une génération païenne et tordue. C'est à eux qu'a été confiée la tâche de consolider

---

[3] *Ibid.*, pp. 27-29. Les dix éléments de Tjorhom sont présentés dans le contexte de son ouvrage, où il défend également les éléments structurels et les implications œcuméniques de la récupération de la Grande Tradition. Je suis tout à fait d'accord avec l'idée générale de son argumentation qui, comme ma propre conviction, affirme qu'un intérêt renouvelé pour la Grande Tradition et son étude peuvent renouveler et enrichir l'Église contemporaine dans son culte, son service et sa mission.

notre canon actuel des Écritures, de définir notre théologie, c'est-à-dire notre règle de foi, et de donner un modèle de formation spirituelle authentique. L'essentiel de notre foi et de notre pratique actuelles s'est enraciné dans leurs idées et leur œuvre, et mérite un second (et énième) regard.

Ayant adapté, expurgé et développé les notions de la Grande Tradition de Tjorhom, j'énumère ici ce que je considère être une liste simple et préliminaire des dimensions critiques qui méritent toute notre attention et que nous devons recouvrer sans réserve.

1. *La Tradition Apostolique*. La Grande Tradition prend sa source dans la Tradition Apostolique, c'est-à-dire le témoignage oculaire des Apôtres et leur expérience directe avec Jésus de Nazareth, leur témoignage authentique de sa vie et de son oeuvre relatée dans les Saintes Ecritures, et le canon de notre Bible aujourd'hui. L'Église est apostolique, construite sur le fondement des Prophètes et des Apôtres, avec Christ lui-même comme pierre angulaire. Les Écritures elles-mêmes représentent la source de notre interprétation du Royaume de Dieu, c'est-à-dire l'histoire de l'amour rédempteur de Dieu, incarné dans la promesse faite à Abraham et aux patriarches, dans les alliances et l'expérience d'Israël, et qui culmine dans la révélation de Dieu en Jésus-Christ, telle que prédite par les prophètes et détaillée dans le témoignage apostolique. Pour nous, comme pour les premiers croyants, c'est dans les Saintes Écritures que se trouve l'autorité authentique, finale et définitive de ce que nous croyons et de ce que nous sommes.

2. *Les Conseils* œcuméniques *et les Credo, en particulier le Credo de Nicée.* La Grande Tradition déclare la vérité et fixe les limites de la foi orthodoxe historique telle qu'elle est définie et affirmée dans les credo œcuméniques de l'Église ancienne et indivise, en particulier le credo de Nicée. Leurs déclarations sont considérées comme une interprétation et un commentaire précis des enseignements des Apôtres exposés dans les Écritures. Bien qu'elle ne soit pas la source de la foi elle-même, la confession des conciles œcuméniques et des credo représente la substance de ses enseignements[4], en particulier ceux qui datent d'avant le cinquième siècle (où pratiquement toutes

les doctrines élémentaires concernant Dieu, Christ et le salut ont été formulées et adoptées). Les credo offrent une norme herméneutique pratique et fiable grâce à laquelle nous pouvons déterminer ce que les chrétiens ont cru et défendu concernant l'œuvre salvifique de Dieu en Christ depuis le début.

3. *L'ancienne règle de foi*. La Grande Tradition intégrait la substance de cette foi chrétienne fondamentale dans une règle, c'est-à-dire une ancienne règle de foi standard, qui était considérée comme le critère d'évaluation des déclarations et des propositions concernant l'interprétation de la foi biblique. D'une certaine manière, cette ancienne règle a servi d'ancêtre aux credo œcuméniques, qui sont considérés comme des résumés « orthodoxies » de notre foi chrétienne (c.-à-d. conformes à l'enseignement et à la pratique des Apôtres). Cette règle, lorsqu'elle est appliquée avec révérence et rigueur, peut nous permettre de définir la confession chrétienne fondamentale de l'Église ancienne et indivise exprimée clairement dans cette instruction et ce dicton de Vincent de Lérins : « ce qui a toujours été cru, partout, et par tous ».

4. *La vision du monde de Christus Victor*. La Grande Tradition célèbre et affirme que Jésus de Nazareth est le Christ, le Messie promis dans les Écritures hébraïques, le Seigneur ressuscité et exalté, et le Chef suprême de l'Église. En Jésus de Nazareth seul, Dieu a réaffirmé son règne sur l'univers, ayant détruit la mort en mourant, vaincu les ennemis de Dieu par son incarnation, sa mort, sa résurrection et son ascension, et racheté l'humanité de sa peine due à sa transgression de la Loi. Maintenant ressuscité des morts, monté et exalté à la droite de Dieu, il a envoyé le Saint-Esprit dans le monde pour habiliter l'Église dans sa vie et son témoignage.

L'Église doit être considérée comme *le peuple de l'Histoire*, autrement dit, le peuple de la victoire remportée par Jésus-Christ. À son retour, il consommera son œuvre en tant que Seigneur. Cette vision du monde s'exprimait dans la confession, la prédication, le culte et le témoignage de l'Église ancienne. Aujourd'hui, à travers notre service de culte (c.-à-d. notre liturgie) et la

---

[4] Je suis redevable au regretté Dr Robert E. Webber pour cette distinction utile entre la source et la substance de la foi et de l'interprétation chrétiennes.

pratique de l'année ecclésiastique (parfois appelée calendrier chrétien), l'Église reconnaît, célèbre, incarne et proclame cette victoire du Christ : la destruction du péché et du mal et la restauration de toute la création.

5. *La centralité de l'Église*. La Grande Tradition confessait avec confiance l'Église comme le peuple de Dieu, le *peuple de l'histoire de Dieu*. L'assemblée fidèle des croyants, sous l'autorité du Berger Jésus-Christ, est maintenant le lieu et l'agent du Royaume de Dieu sur la terre. Dans son culte, sa communion, son enseignement, son service et son témoignage, Christ continue à vivre et à agir. La Grande Tradition insiste sur le fait que l'Église, sous l'autorité de ses sous-bergers et de la totalité du sacerdoce des croyants, est visiblement la demeure de Dieu par l'Esprit dans le monde d'aujourd'hui. Avec Christ lui-même comme pierre angulaire, l'Église est le temple de Dieu, le corps du Christ et le temple du Saint-Esprit.

Tous les croyants - vivants, morts et non encore nés - forment cette communauté qui est une, sainte, catholique (universelle) et apostolique. En se réunissant régulièrement en assemblée de croyants, les membres de l'Église se rencontrent localement pour adorer Dieu par la Parole et le sacrement, et pour témoigner par ses bonnes œuvres et la proclamation de l'Évangile. En incorporant de nouveaux croyants dans l'Église au moyen du baptême, l'Église incarne la vie du Royaume dans sa communauté, et démontre en paroles et en actes la réalité du Royaume de Dieu à tavers sa vie commune et son service au monde.

6. *L'unité de la foi*. La Grande Tradition affirme sans équivoque la catholicité de l'Église de Jésus-Christ du fait qu'elle veille à conserver la communion ainsi que la continuité du culte et de la théologie de l'Église à travers les âges (Église universelle). Puisqu'il n'y a eu et ne peut y avoir qu'une seule espérance, une seule vocation et une seule foi, la Grande Tradition a lutté pour l'unité dans la Parole, dans la doctrine, dans le culte et dans la charité. À une époque où la division sectaire est endémique et où l'identité confessionnelle est considérée comme non biblique et contre-productive, il est nécessaire d'affirmer qu'une expression historique de la seule véritable foi est utile et nécessaire. La nature même de notre foi est sa capacité à

être enculturée dans un lieu et une époque, au sein d'un peuple et d'une culture, et/ou au sein d'une famille et d'une nation. Nous ne devrions pas nous attendre à une conformité rigide et aveugle comme signe d'une foi authentique. Tant qu'il y aura des cultures et des peuples différents, la seule foi véritable et apostolique exprimera son culte, son discipulat et son témoignage d'une manière qui coïncide avec ces peuples. Là où est l'Esprit du Seigneur, il y a la liberté et l'unité ; la liberté dans l'expression de la foi, et l'unité dans la confession et la pratique de l'Évangile indispensable transmis à l'Église une fois pour toutes.

7. *Le mandat* évangélique *du Christ ressuscité*. La Grande Tradition affirme le mandat apostolique de faire connaître aux nations la victoire de Dieu en Jésus-Christ, en proclamant le salut par la grâce et par la foi en son nom, et en invitant tous les peuples à la repentance et à la foi pour entrer dans le Royaume de Dieu. Par des actes de justice et d'équité, l'Église manifeste la vie du Royaume dans le monde d'aujourd'hui. Par sa prédication et sa vie commune, elle fournit un témoignage et un signe du Royaume présent dans et pour le monde (sacramentum mundi), et constitue « la colonne et l'appui de la vérité » (1 Tm. 3:15). En tant que preuve du Royaume de Dieu et gardienne de la Parole de Dieu, l'Église est chargée de définir clairement et de défendre la foi transmise à l'Église une fois pour toutes par les Apôtres.

En résumé, la Grande Tradition est cette source commune de théologie et de pratique ancrée sur les Écritures canoniques des Apôtres et des Prophètes, qui résume l'œuvre salvifique de Dieu en Christ. Cette œuvre est attestée et confessée dans les Credo par les conciles œcuméniques de l'Église, qui articulent l'œuvre expiatoire salvifique du Christ pour la création et le monde. L'Église est au cœur de cette histoire, en tant que preuve permanente et voix vivante, et elle est à la fois le confesseur et le gardien de cette histoire de l'amour et de la grâce de Dieu, apportant témoignage de la puissance de l'histoire dans sa théologie, son culte, son discipulat et sa propagation. Quelle que soit son expression culturelle ou historique, en tout lieu et parmi tous les peuples où Christ est adoré et glorifié, l'Église continue d'incarner et de déclarer la Bonne Nouvelle au monde. En tant que lieu et agent du Royaume de Dieu sur la terre, l'Église fait des disciples de toutes les nations, les baptise au nom du Père, du Fils et du Saint-Esprit, leur enseigne les commandements du Christ et incorpore les croyants dans son corps.

Comprenez que nous cherchons à recouvrer la Grande Tradition à partir d'une approche distinctement évangélique (définie ici comme une approche centrée sur l'Évangile, sur Christ et sur les Écritures). Nous ne croyons pas que chaque pensée de chaque Père de l'Église doit être assimilée à l'Écriture et à la vérité, et nous ne croyons pas non plus que leurs déclarations sont applicables si elles ne répondent pas à la norme de la règle de Vincent « partout, toujours et par tous ». Ce recouvrement est nécessairement minime ; le cœur de la foi et de la pratique orthodoxe historique ne consiste pas à imiter tout ce que les anciens Pères ont dit et fait, mais plutôt à trouver de nouvelles façons d'incorporer dans notre théologie, notre culte, notre discipulat et notre propagation les choses ancrées dans les racines sacrées et communes de notre foi. Notre recherche exigera toujours une compréhension critique de la manière dont la pensée et la pratique des Pères s'alignent sur les Écritures et sur notre foi et notre pratique orthodoxes.

Ceci étant dit, cependant, cette description des dimensions clés de la Grande Tradition est ce que, à mon avis, nous devons simplement apprendre, réadapter et redécouvrir à notre époque. Ces principes représentent les racines communes de la foi chrétienne qui, fraîchement comprises et pratiquées, peuvent apporter un renouveau et une renaissance à la pratique fragmentée, divisée et confuse de beaucoup de nos églises aujourd'hui.

La Grande Tradition est ancrée dans la tradition que les Apôtres nous ont léguée. Cependant, toute tradition est-elle réellement bonne ? Et comment pouvons-nous les différencier ? Dans notre prochain chapitre, nous apprendrons pourquoi la tradition est essentielle à toute foi biblique et orthodoxe.

sacred · roots

SACRED · ROOTS

CHAPITRE 3

LA TRADITION, QUI EN VEUT ?

Trois niveaux de l'autorité chrétienne

Il n'y a peut-être pas de mot plus mal compris (et moins admiré et apprécié) dans la pensée et la pratique de l'église contemporaine que le terme « tradition ». Souvent, les gens considèrent la tradition comme un formalisme démodé ou une sorte de conformité ennuyeuse, abrutissante et inutile à de vieilles règles et pratiques qui nuit à notre capacité d'écouter le Saint-Esprit et de lui obéir. Ceux qui insistent sur la tradition réagissent souvent de manière impulsive et résistent à toute nouveauté. La tradition est très souvent utilisée comme une excuse pour ne rien essayer de nouveau, pour ne pas sortir de ce que nous avons toujours fait, et pour ne pas changer même lorsque le changement est justifié. Être traditionaliste, dans pratiquement tous les contextes, c'est être associé au passé, à l'ennui et à la fragilité. Même Jésus a critiqué les pharisiens pour avoir invalidé le commandement du Seigneur par leur insistance servile sur la tradition des anciens (Matt. 15). Dans un tel contexte de faits négatifs, comment peut-on être aussi stupide pour défendre la tradition aujourd'hui ?

Bien, je le peux, et je le ferai. En fait, j'espère qu'à la fin de ce bref chapitre, vous reconnaîtrez qu'il est tout simplement impossible de donner un sens à la révélation de notre Seigneur Jésus-Christ sans faire appel à la tradition des Apôtres, ce dépôt de l'Évangile qu'ils ont confié à l'Église pour être défendu, sauvegardé et transmis à la génération future. Dans ce chapitre, nous examinerons de manière générale certains des principes clés associés à la tradition, nous discuterons des trois dimensions de la tradition dans l'autorité chrétienne, et nous résumerons à nouveau brièvement certains des éléments doctrinaux clés associés à la Grande Tradition.[5]

Définition de Strong

Paradosis. Transmission, c.-à-d. (concrètement) un précepte; spécifiquement, la loi traditionnelle juive.

L'explication de Vine

Désigne « une tradition », et donc, par métonymie: (a) « l'enseignement des rabbins », ... (b) « l'enseignement apostolique », . . . des instructions concernant les réunions de croyants, la doctrine chrétienne en général . . . des instructions concernant la conduite quotidienne.

LES PRINCIPES DES LA TRADITION ET DE L'ÉGLISE

Afin de mieux comprendre le rôle que joue la tradition dans une approche de formation spirituelle fondée sur les Racines sacrées, nous allons examiner six principes associés à la tradition et le rôle qu'elle joue et qu'elle a joué dans l'histoire du corps du Christ.

1. *Dans l'Écriture, le concept de tradition est essentiellement positif.*

L'importance de la tradition est évidente partout dans l'Écriture. Une grande partie de l'année sacrée juive (avec ses observances clés de la Pâque, la Fête des Pains Sans Levain, la Fête de la Pentecôte, le Jour du Grand Pardon et la Fête des Tabernacles) était ancrée dans l'œuvre de Dieu dans le passes – sa démonstration de ses œuvres puissantes à travers l'événement de l'Exode. Ainsi, Dieu était l'auteur de la tradition de son peuple ; il lui a ordonné de se souvenir, de célébrer, de jouir, de se consacrer, de festoyer et de jeûner, tous ces actes étant basés sur leur souvenir de son œuvre dans l'histoire.

---

[5] Le contenu de ce chapitre a été adapté d'un document que moi-même et Terry G. Cornett avons rédigé pour la formation des leaders urbains.

Jérémie 6:16 : « Ainsi parle l'Éternel: Placez-vous sur les chemins, regardez, Et demandez quels sont les anciens sentiers, Quelle est la bonne voie; marchez-y, Et vous trouverez le repos de vos âmes! Mais ils répondent: Nous n'y marcherons pas. »

2 Chroniques 35:25 : « Jérémie fit une complainte sur Josias; tous les chanteurs et toutes les chanteuses ont parlé de Josias dans leurs complaintes jusqu'à ce jour, et en ont établi la coutume en Israël. Ces chants sont écrits dans les Complaintes. »

Jérémie 35:14-19 : On a observé les paroles de Jonadab, fils de Récab, qui a ordonné à ses fils de ne pas boire du vin, et ils n'en ont point bu jusqu'à ce jour, parce qu'ils ont obéi à l'ordre de leur père. Et moi, je vous ai parlé, je vous ai parlé dès le matin, et vous ne m'avez pas écouté. 15 Je vous ai envoyé tous mes serviteurs, les prophètes, je les ai envoyés dès le matin, pour vous dire: Revenez chacun de votre mauvaise voie, amendez vos actions, n'allez pas après d'autres dieux pour les servir, et vous resterez dans le pays que j'ai donné à vous et à vos pères. Mais vous n'avez pas prêté l'oreille, vous ne m'avez pas écouté. 16 Oui, les fils de Jonadab, fils de Récab, observent l'ordre que leur a donné leur père, et ce peuple ne m'écoute pas! 17 C'est pourquoi ainsi parle l'Éternel, le Dieu des armées, le Dieu d'Israël: Voici, je vais faire venir sur Juda et sur tous les habitants de Jérusalem tous les malheurs que j'ai annoncés sur eux, parce que je leur ai parlé et qu'ils n'ont pas écouté, parce que je les ai appelés et qu'ils n'ont pas répondu. 18 Et Jérémie dit à la maison des Récabites: Ainsi parle l'Éternel des armées, le Dieu d'Israël: Parce que vous avez obéi aux ordres de Jonadab, votre père, parce que vous avez observé tous ses commandements et fait tout ce qu'il vous a prescrit; 19 à cause de cela, ainsi parle l'Éternel des armées, le Dieu d'Israël: Jonadab, fils de Récab, ne manquera jamais de descendants qui se tiennent en ma présence.

2. La tradition pieuse est une chose merveilleuse, mais toute tradition n'est pas pieuse.

Alors que le Dieu d'Abraham et de l'Exode, le Seigneur Dieu tout-puissant, a demandé à son peuple de suivre et de se modeler sur une tradition qu'il a lui-même conçue et élaborée, il est clair dans l'Écriture que nous pouvons établir des traditions qui sont particulièrement impies, qui sont en fait manifestement profanes et inutiles. Toute tradition individuelle doit être jugée par sa fidélité à la Parole de Dieu et son utilité pour aider les gens à maintenir leur obéissance à l'exemple et à l'enseignement du Christ.[6] Dans les Évangiles, Jésus reproche fréquemment aux Pharisiens d'établir des traditions qui invalident plutôt que de préserver les commandements de Dieu. La tradition, en soi, ne peut être acceptée sans analyse critique, évaluation biblique et discernement spirituel.

> *Marc 7:8 : « Vous abandonnez le commandement de Dieu, et vous observez la tradition des hommes. »*

> *Colossiens 2:8 : « Prenez garde que personne ne fasse de vous sa proie par la philosophie et par une vaine tromperie, s'appuyant sur la tradition des hommes, sur les rudiments du monde, et non sur Christ. »*

3. **Sans la plénitude du Saint-Esprit, et l'édification constante que nous apporte la Parole de Dieu, la tradition conduira inévitablement à un formalisme sans vie.**

Ceux qui sont spirituels sont remplis du Saint-Esprit, dont la puissance et la direction seules donnent aux individus et aux congrégations un sentiment de liberté et de vitalité dans tout ce qu'ils pratiquent et croient. Cependant, lorsque les pratiques et les enseignements d'une tradition donnée ne sont plus imprégnés de la puissance du Saint-Esprit et de la Parole de Dieu, cette tradition perd son efficacité et peut même devenir contre-productive pour notre discipulat en Jésus-Christ.

> *Ephésiens 5:18 : « Ne vous enivrez pas de vin: c'est de la débauche. Soyez, au contraire, remplis de l'Esprit. »*

> *Galates 5:22-25 : « Mais le fruit de l'Esprit, c'est l'amour, la joie, la paix, la patience, la bonté, la bénignité, la fidélité, la douceur, la tempérance; 23 la loi*

---

[6] « Tous les protestants insistent sur le fait que ces traditions doivent toujours être mises à l'épreuve de l'Écriture et ne peuvent jamais posséder une autorité apostolique indépendante au-dessus ou parallèlement à l'Écriture. » ~ J. Van Engen, "Tradition", *Evangelical Dictionary of Theology*, Walter Elwell, Gen. ed. Nous ajouterons que l'Écriture est elle-même la « tradition faisant autorité » par laquelle toutes les autres traditions sont jugées. Voir page 42 pour plus de commentaires à ce sujet.

n'est pas contre ces choses. 24 Ceux qui sont à Jésus Christ ont crucifié la chair avec ses passions et ses désirs. 25 Si nous vivons par l'Esprit, marchons aussi selon l'Esprit. »

2 Corinthiens 3:5-6 : « Ce n'est pas à dire que nous soyons par nous-mêmes capables de concevoir quelque chose comme venant de nous-mêmes. Notre capacité, au contraire, vient de Dieu. 6 Il nous a aussi rendus capables d'être ministres d'une nouvelle alliance, non de la lettre, mais de l'esprit; car la lettre tue, mais l'esprit vivifie. »

4. *La fidélité à la tradition (enseignement et modèle) apostolique est l'essence de la maturité chrétienne.*

Le principe d'« apostolicité » sous-tendait toute l'approche de l'ancienne Église indivise en matière de théologie, de culte, de discipulat et de mission. Ce principe, simplement dit, est que seul ce qui peut être vérifié comme étant d'origine apostolique, soutenu par la tradition apostolique et utilisé par des églises apostoliques peut être considéré comme faisant autorité pour l'Église de Jésus-Christ. L'essence de l'orthodoxie historique, de l'authenticité canonique (c.-à-d. les livres de la Bible reconnus par l'Église comme faisant partie des Saintes Écritures), et de la maturité chrétienne c'est la conformité avec ce que les Apôtres, témoins oculaires de la gloire de Jésus, ont enseigné, vécu, parlé et commandé.

2 Timothée 2:2 : « Et ce que tu as entendu de moi en présence de beaucoup de témoins, confie-le à des hommes fidèles, qui soient capables de l'enseigner aussi à d'autres. »

1 Corinthiens 11:1-2 : « Soyez mes imitateurs, comme je le suis moi-même de Christ. 2 Je vous loue de ce que vous vous souvenez de moi à tous égards, et de ce que vous retenez mes instructions telles que je vous les ai données. »

1 Corinthiens 15:3-8 : « Je vous ai enseigné avant tout, comme je l'avais aussi reçu, que Christ est mort pour nos péchés, selon les Écritures; 4 qu'il a été enseveli, et qu'il est ressuscité le troisième jour, selon les Écritures; 5 et qu'il est apparu à Céphas, puis aux douze. 6 Ensuite, il est apparu à plus de cinq cents frères à la fois, dont la plupart sont encore vivants, et dont quelques-uns sont morts. 7 Ensuite, il est apparu à Jacques, puis à tous les apôtres. 8 Après eux tous, il m'est aussi apparu à moi, comme à l'avorton. »

5. L'Apôtre Paul fait souvent appel à la tradition en appui aux pratiques doctrinales.

Bien que personne ne peut ou ne devrait faire appel à une tradition non examinée comme étant la volonté immuable du Seigneur, il est clair que les apôtres comprenaient l'importance de leur rôle et de leur place dans la direction de l'Église et la bénédiction du peuple de Dieu. Le recours à leur enseignement et à la tradition orale et écrite qui circulait dans les Églises servait de guide pour les conseils personnels, de leadership et de congrégation. Paul n'avait aucun problème avec l'authenticité canonique, et la maturité chrétienne consiste à se conformer à ce que les Apôtres – témoins oculaires de la gloire de Jésus – ont enseigné, vécu, parlé et ordonné.

1 Corinthiens 11:16 : « Si quelqu'un se plaît à contester, nous n'avons pas cette habitude, non plus que les églises de Dieu. »

1 Corinthiens 14:33-34 : « …car Dieu n'est pas un Dieu de désordre, mais de paix. Comme dans toutes les Églises des saints, 34 que les femmes se taisent dans les assemblées, car il ne leur est pas permis d'y parler; mais qu'elles soient soumises, selon que le dit aussi la loi. »

2 Thessaloniciens 2:14-17 : « C'est à quoi il vous a appelés par notre Évangile, pour que vous possédiez la gloire de notre Seigneur Jésus Christ. 15 Ainsi donc, frères, demeurez fermes, et retenez les instructions que vous avez reçues, soit par notre parole, soit par notre lettre. 16 Que notre Seigneur Jésus Christ lui-même, et Dieu notre Père, qui nous a aimés, et qui nous a donné par sa grâce une consolation éternelle et une bonne espérance, 17 consolent vos coeurs, et vous affermissent en toute bonne oeuvre et en toute bonne parole! »

6. *Les apôtres félicitent les congrégations qui utilisent la tradition héritée pour rester fidèles à la « Parole de Dieu ».*

La tradition héritée n'était pas une chose que l'on embrassait facilement, ou que l'on acceptait sans l'avoir minutieusement examinée dans les églises et éprouvée par l'expérience. La tradition des Apôtres - les instructions qu'ils donnaient concernant de nombreuses questions et concepts différents dans leurs épîtres aux églises - constituait un corps vivant et organique d'enseignements, d'écrits, d'instructions et d'ordres donnés par correspondance personnelle, via les représentants fidèles qu'ils avaient choisis et leurs conseillers personnels. Il nous est difficile d'imaginer que l'Église primitive ne disposait pas d'un canon fixe du Nouveau Testament et qu'il n'était pas facile de communiquer d'une région à l'autre. L'insistance à respecter leurs traditions, orales ou épistolaires, était essentielle pour le soin pastoral des églises. Les apôtres félicitaient et encourageaient les efforts des assemblées de croyants qui respectaient fidèlement leurs commandements, ceux qui étaient pratiqués et entendus de manière cohérente dans leur réseau apostolique d'églises.

1 Corinthiens 11:2 : « Je vous loue de ce que vous vous souvenez de moi à tous égards, et de ce que vous retenez mes instructions telles que je vous les ai données. »

2 Thessaloniciens 2:15 : « Ainsi donc, frères, demeurez fermes, et retenez les instructions que vous avez reçues, soit par notre parole, soit par notre lettre. »

2 Thessaloniciens 3:6 : « …nous vous recommandons, frères, au nom de notre Seigneur Jésus Christ, de vous éloigner de tout frère qui vit dans le désordre, et non selon les instructions que vous avez reçues de nous. »

2 Pierre 3:14-18 : « C'est pourquoi, bien-aimés, en attendant ces choses, appliquez-vous à être trouvés par lui sans tache et irrépréhensibles dans la paix. 15 Croyez que la patience de notre Seigneur est votre salut, comme notre bien-aimé frère Paul vous l'a aussi écrit, selon la sagesse qui lui a été donnée. »

LES FONDATEURS DE LA TRADITION :
TROIS NIVEAU D'AUTORITE CHRETIENNE

Exode 3:15 : « Dieu dit encore à Moïse: Tu parleras ainsi aux enfants d'Israël: L'Éternel, le Dieu de vos pères, le Dieu d'Abraham, le Dieu d'Isaac et le Dieu de Jacob, m'envoie vers vous. Voilà mon nom pour l'éternité, voilà mon nom de génération en generation. »

Au cœur de l'argument que j'avance se trouve la notion de *Racines Sacrées* en tant que tradition pieuse. Elle comprend le dépôt authentique qui nous a été légué par les Apôtres, ainsi que les pratiques conformes à l'enseignement des Apôtres et validées par les Saintes Écritures. En réfléchissant au rôle de la tradition et des *racines sacrées*, il est important de réaliser que la tradition n'est pas un terme ayant une signification unique et sans équivoque. En fait, dans l'histoire de l'Église, nous voyons au moins trois conceptions de la tradition qui sont liées et entrelacées : la Tradition apostolique, la Grande Tradition et les traditions historiques spécifiques de l'Église.

1. *La tradition apostolique (ou faisant autorité) : Les Écritures canoniques de la Bible, écrites par les Apôtres et les Prophètes, inspirées par le Saint-Esprit.*

   Ephésiens 2:19-21 - Ainsi donc, vous n'êtes plus des étrangers, ni des gens du dehors; mais vous êtes concitoyens des saints, gens de la maison de Dieu. 20 Vous avez été édifiés sur le fondement des apôtres et des prophètes, Jésus Christ lui-même étant la pierre angulaire. 21 En lui tout l'édifice, bien coordonné, s'élève pour être un temple saint dans le Seigneur.

   ~ L'Apôtre Paul

La Tradition apostolique désigne l'ensemble de l'enseignement qui résume la révélation biblique de Dieu en Christ, y compris ceux qui ont rendu un témoignage oculaire de la révélation et des actes salvateurs de Yahvé, d'abord en Israël, et finalement en Jésus-Christ le Messie. Ce témoignage est impératif pour tous les hommes, en tout temps et en tout lieu. C'est la tradition qui fait autorité et par laquelle toute tradition subséquente est jugée. Les Saintes Écritures, inspirées par le Saint-Esprit de Dieu, constituent le point d'ancrage et l'autorité finale pour tout ce qui concerne la théologie et la moralité, la foi et la pratique, notre vision et notre devoir. En tout ce qui concerne notre discipulat et notre espérance, nous devons reconnaître et embrasser la priorité finale des Écritures canoniques, ces textes qui ont été considérés comme divinement autorisés dans l'histoire de l'Église, et son thème principal et son sujet – l'Histoire canonique de Dieu, le drame du Dieu trinitaire dans son œuvre de création, d'incarnation et de recréation en Christ.

2. La Grande Tradition : Les conciles œcuméniques et leurs credo

Ce qui a été cru partout, toujours et par tous.

~ Vincent de Lerins

La Grande Tradition est le dogme central (doctrine) de l'Église. Elle a été établie par les conciles œcuméniques de l'Église chrétienne, généralement appelés les sept premiers conciles, dont les quatre premiers revêtent une importance particulière pour la foi. Le terme « œcuménique » fait référence à la portée et à l'importance de ces conciles ; ils étaient d'importance mondiale et réunissaient des dirigeants de toute l'Église croyante de l'époque. La Grande tradition représente l'enseignement de l'Église telle qu'elle a interprété la Tradition apostolique (faisant autorité, ou les Saintes Écritures), et résume les vérités essentielles que les chrétiens de tous les temps ont confessées et crues. Toute l'Église (catholique, orthodoxe et protestante)[7] approuve ces déclarations doctrinales et en déduit ce qui est qualifié d'orthodoxe et ce qui doit être considéré comme hérétique. Le culte et la théologie de l'Église reflètent ce dogme fondamental, qui trouve sa somme et son accomplissement dans la personne et l'œuvre de Jésus-Christ. Depuis les temps

---

[7] Même la branche la plus radicale de la réforme protestante (les anabaptistes), qui était la plus réticente à adopter les credo en tant qu'instruments dogmatiques de la foi, n'était pas en désaccord avec leur contenu essentiel. « Ils assumaient le Credo apostolique - ils l'appelaient "La Foi" », Der Glaube, comme la plupart des gens. » Voir John Howard Yoder, Préface à Theology : Christology and Theological Method, (Grand Rapids : Brazos Press, 2002), pp. 222-223.

les plus primitifs, les chrétiens experiment leur dévotion à Dieu en respectant la Grande Tradition, incarnée dans les observances et les pratiques communes du calendrier de l'Église – un modèle annuel de culte qui résume et reconstitue les événements de la vie du Christ.

La Grande Tradition (appelée parfois la « Tradition chrétienne classique » est définie par Robert E. Webber comme suit:

> *Les grandes lignes de la croyance et de la pratique chrétiennes élaborées à partir des Écritures entre l'époque du Christ et le milieu du cinquième siècle*

> ~ Webber. *The Majestic Tapestry*.
> Nashville: Thomas Nelson Publishers, 1986. p. 10.

Cette tradition est affirmée largement par les théologiens protestants tant anciens que modernes.

> *Ainsi, les anciens conciles de Nicée, Constantinople, le premier d'Éphèse, Chalcédoine, et autres, qui ont été convoqués pour réfuter les erreurs, nous les embrassons volontiers et les respectons comme sacrés, en ce qui concerne les doctrines de la foi, car ils ne contiennent rien d'autre que l'interprétation pure et authentique de l'Écriture, que les saints Pères ont adoptée avec une prudence spirituelle pour écraser les ennemis de la religion qui avaient alors surgi.*

> ~ Jean Calvin. *Institutes*. IV, ix. 8.

> *...la plupart de ce qui a une valeur durable dans l'exégèse biblique contemporaine a été découvert au cinquième siècle.*

> ~ Thomas C. Oden. *The Word of Life*.
> San Francisco: HarperSanFrancisco, 1989. p. xi.

Les quatre premiers conciles sont de loin les plus importants, car ils ont fixé la foi orthodoxe sur la Trinité et l'Incarnation.

~ Philip Schaff. *The Creeds of Christendom*. Vol. 1.
Grand Rapids: Baker Book House, 1996. p. 44.

Notre référence aux conciles œcuméniques et aux credo se concentre donc sur les conciles qui font l'objet d'un large consensus dans l'Église parmi les catholiques, les orthodoxes et les protestants. Alors que les catholiques et les orthodoxes s'accordent sur les sept premiers conciles, les protestants ont tendance à affirmer et à utiliser principalement les quatre premiers. Par conséquent, les conciles qui continuent à être partagés par l'ensemble de l'Église s'achèvent avec le concile de Chalcédoine qui s'est tenu en 451.

Il est utile de noter que chacun de ces quatre conciles œcuméniques a eu lieu dans un contexte culturel pré-européen et qu'aucun d'entre eux ne s'est tenu en Europe. Il s'agissait de conciles de toute l'Église et ils reflétaient une époque où le christianisme était principalement une religion orientale sur le plan géographique. Selon les critères modernes, leurs participants étaient africains, asiatiques et européens. Les conciles étaient le reflet d'une Église qui « ... a ses racines dans des cultures très éloignées de l'Europe et a précédé le développement de l'identité européenne moderne, et [dont] certains des plus grands esprits ont été africains » (Oden, The *Living God*, San Francisco : HarperSanFrancisco, 1987, p. 9).

La réalisation la plus importante des conciles a sans doute été la création de ce que l'on appelle communément le Credo de Nicée. Ce dernier est un résumé de la foi chrétienne sur lequel les chrétiens catholiques, orthodoxes et protestants sont d'accord.

Les quatre premiers conciles œcuméniques sont résumés dans le tableau suivant :

Nom/Date/Lieu	But
Premier concile œcuménique 325 ap. J.-C. *Nicea, Asie Mineure*	Défendre contre : *L'arianisme* Question Répondue : *Jésus était-il Dieu ?* Action : *Élaboration de la forme initiale du Credo de Nicée pour servir de résumé de la foi chrétienne.*
Deuxième concile oecuménique 381 apr. J.-C. *Constantinople, Asie mineure*	Défendant contre : *Le macédonianisme* Question Répondue : *Le Saint-Esprit est-il un composant personnel et égal de la Divinité ?* Action : *A complété le Credo de Nicée en développant l'article traitant du Saint-Esprit.*
Troisième concile oecuménque 431 apr. J.-C. *Ephèse, Asie mineure*	Défendre contre : *Le nestorianisme* Question Répondue : *Jésus-Chris est-il à la fois Dieu et homme en une personne ?* Action: *A défini Christ comme le Verbe incarné de Dieu et affirmé que sa mère Marie était la théotokos (porteuse de Dieu).*
Quatrième concile oecuménque 451 apr. J.-C. *Chalcédoine, Asie mineure*	Défendre contre : *Le monophysisme* Question Répondue : *Comment Jésus peut-il être à la fois Dieu et homme ?* Action : *Explication de la relation entre les deux natures (humaine et divine) de Jésus.*

Bien que la Grande Tradition a servi de règle herméneutique pour l'Église à travers les âges, elle ne doit pas être confondue avec ou considérée comme un substitut de la Tradition Apostolique - les Écritures canoniques. La Grande Tradition constitue un résumé et une articulation de l'enseignement des Apôtres et des Prophètes dans la Bible et, en ce sens, elle est un outil herméneutique utile et essentiel pour mesurer l'authenticité et l'orthodoxie de diverses théologies, pratiques et déclarations qui peuvent émerger dans le culte et le travail de l'Église.

3. *Traditions spécifiques de l'Église : Les fondateurs des dénominations et des ordres*

L'église presbytérienne des Etats-Unis compte environ 2.5 millions de membres, 11 200 congrégations et 21 000 ministres ordonnés. L'histoire des presbytériens remonte au 16e siècle et à la Réforme protestante. Notre héritage, et une grande partie de ce que nous croyons, a commencé avec le juriste français Jean Calvin (1509-1564), dont les écrits ont cristallisé une grande partie de la pensée réformée qui l'a précédé.

~ L'Église presbytérienne, États-Unis.

La déclaration ci-dessus est un exemple unique d'une tradition spécifique de l'Église qui se place dans « l'arbre généalogique » de l'Église, qui est une, sainte, catholique et apostolique. Les chrétiens ont exprimé leur foi en Jésus-Christ de diverses manières à travers des mouvements et des traditions particuliers qui embrassent et expriment la Tradition apostolique et la Grande Tradition de manières uniques.

Par exemple, des mouvements catholiques ont vu le jour autour de gens comme Benoît, François ou Dominique, et parmi les protestants, de figures comme Martin Luther, Jean Calvin, Ulrich Zwingli et John Wesley. Il y a eu aussi des femmes qui ont fondé des mouvements cruciaux de foi chrétienne (ex. Aimee Semple McPherson de l'église Foursquare), ainsi que certains membres de minorités (ex. Richard Allen de l'église épiscopale méthodiste africaine ou Charles H. Mason de l'église de Dieu en Christ, qui a également contribué à la création des Assemblées de Dieu), qui ont tous tenté d'exprimer la Tradition authentique et la Grande Tradition d'une manière spécifique conforme à leur époque et à leur expression.

L'émergence de mouvements de foi vifs et dynamiques à des époques différentes et parmi des peuples différents révèle l'action renouvelée du Saint-Esprit au cours de l'histoire. Ainsi, à l'intérieur du catholicisme, de nouvelles communautés ont surgi, telles que les bénédictins, les franciscains et les dominicains ; et en dehors du catholicisme, de nouvelles dénominations ont émergé (luthériens, presbytériens, méthodistes, Église de Dieu en Christ, etc.). Chacune de ces traditions spécifiques a des « fondateurs », c'est-à-dire des dirigeants clés dont l'énergie et la vision ont contribué à établir une expression unique de la foi et de la pratique chrétiennes. Bien entendu, pour être légitimes, ces mouvements doivent adhérer à la Tradition apostolique et à la Grande Tradition et les exprimer fidèlement. Les membres de ces traditions spécifiques adoptent leurs propres pratiques et modèles de spiritualité, mais ces caractéristiques uniques ne sont pas nécessairement obligatoires pour l'Église dans son ensemble. Elles représentent les expressions uniques de la compréhension et de la fidélité de cette communauté à la Tradition Apostolique et à la Grande Tradition.

Les traditions spécifiques cherchent à exprimer et à vivre cette fidélité à la Tradition Apostolique et à la Grande Tradition à travers leur culte, leur enseignement et leur service. Elles cherchent à rendre l'Évangile clair dans de nouvelles cultures ou sous-cultures, en exprimant et en modelant l'espérance du Christ dans de nouvelles situations façonnées par leur propre série de questions posées à la lumière de leurs circonstances uniques. Ces mouvements cherchent donc à contextualiser la Tradition qui fait autorité de manière à conduire fidèlement et efficacement de nouveaux groupes de personnes à la foi en Jésus-Christ et à intégrer ceux qui croient dans la communauté de foi qui obéit à ses enseignements et rend témoignage de lui aux autres.

Il n'est pas nécessaire qu'il y ait un conflit ou une rupture entre ces trois sens de la Tradition, à savoir la Tradition Apostolique, la Grande Tradition et les traditions spécifiques qui nous ont été transmises au cours de l'histoire de l'Église. Ce qui est essentiel, c'est de comprendre que, pour l'Église, la parole finale et claire de Dieu nous est parvenue par Jésus-Christ (Hé. 1:1-4), dont les témoins étaient les Apôtres qui nous ont dit à la fois ce qu'ils ont vu et ce que ces événements signifiaient (ex. 1 Jean 1:1-4 ; Luc 1:1-4). Enfin, l'Église a cherché à être fidèle à ce témoignage (la Grande Tradition) depuis le début.

LA VÉRITÉ DE JÉSUS, PASSEZ-LA AUX AUTRES

L'aperçu du rôle de la tradition nous permet de comprendre pourquoi les *racines sacrées* peuvent être si utiles pour le développement du leadership chrétien, la formation continue des disciples et la croissance de la congrégation. Nous avons tous hérité le message fondamental de l'amour remarquable de Dieu en Christ, et nous avons cherché à le transmettre aux autres d'une manière conforme à la version originale et qui reflète fidèlement le même enseignement des croyants à travers l'histoire de l'Église.

Dans notre prochain chapitre, allons explorer l'importance que représente notre vision de la tradition pour notre spiritualité commune, soit le type de pèlerinage spirituel que nous pouvons partager ensemble dans nos familles et nos congrégations.

SACRED · ROOTS

CHAPITRE 4

Un seigneur, Une Foi

Racines sacrées et spiritualité partagée

Nous avons maintenant une idée claire sur les différents sens du mot « tradition » dans l'Église. Nous avons la Tradition apostolique (le témoignage des Apôtres dans les Saintes Écritures), la Grande Tradition (le résumé et la défense de la Tradition apostolique par le concile et les credos), et les diverses traditions (dénominations ou associations) qui ont vu le jour au cours de l'histoire de l'Église. Comment pouvons-nous éviter la confusion et la division au milieu de cette diversité et de ces différences ?

Pendant mes années d'études avec les Témoins de Jéhovah (avant ma confession de Jésus-Christ comme Seigneur), l'un de leurs thèmes favoris pour débattre avec les croyants était la réalité de la division et de la confusion dénominationnelle. Leur doctrine de « l'esprit d'organisation » était leur réponse à l'aliénation protestante et à la fracture catholique et orthodoxe. Alors que leur doctrine de « l'esprit d'organisation » n'était guère plus qu'une conformité aveugle à la dernière doctrine et pratique des TJ, je me souviens de leurs longs monologues sur les tiraillements au sein de l'Église visible, et comment cette division était contraire à l'unité des croyants prêchée par Christ et les Apôtres. Bien que leur motif et leur analyse soient respectivement erronés et illogiques, ils tenaient en haleine les chrétiens ordinaires avec lesquels ils discutaient. Pourquoi y a-t-il tant de confusion, d'aliénation et de folie dans les plus de 20 000 dénominations protestantes, alors que, en même temps, chacune d'entre elles prétend toujours être le « véritable héritier apostolique » de l'Église du NT ?

L'UNITÉ DE LA FOI :
PATAGER LA SPIRITUALITE TANT EN PENSEES QU'EN ACTES

Bien que la notion d'unité de l'Église défendue par les Témoins de Jéhovah n'est guère plus qu'une unanimité sectaire, leur critique de notre manque de spiritualité et de vision partagées est particulièrement révélatrice. Notre compréhension des racines sacrées offre un moyen de réaffirmer notre héritage et notre patrimoine communs en tant que défenseurs de la foi orthodoxe historique. Comme nous l'avons affirmé dans notre dernier chapitre, être chrétien, c'est appartenir à la tradition des Apôtres (*parádosis*, en grec, « une transmission », soit par la parole, soit par écrit ; puis ce qui est transmis, c.-à-d. la tradition, l'enseignement qui se transmet de l'un à l'autre). Nous embrassons comme vraie toute parole des témoins oculaires de Jésus-Christ, et nous cherchons à incarner fidèlement et à transmettre aux autres le dépôt de la foi qui nous a été donné par ces témoins oculaires. Leur témoignage constitue notre foi, notre espérance et notre vie.

L'une des implications les plus claires de *Racines Sacrées* est son appel aux diverses traditions et expressions de la foi biblique à réaffirmer notre héritage commun de foi. Plus nous comprenons que toutes les traditions (catholique romaine, orthodoxe, anglicane et protestante) partagent le même ensemble de croyances et de pratiques ancrées dans les Écritures canoniques, plus nous pouvons reconnecter nos parcours spirituels à l'histoire de Dieu, et les uns aux autres. Il faut admettre sans réserve qu'il est à la fois naïf et peu souhaitable de penser que nous pouvons effacer les effets du temps, ou prétendre que les différences entre les traditions sur divers sujets peuvent être facilement résolues. Néanmoins, nous devons aussi réaffirmer que les Écritures, à travers la narration de l'Histoire par Dieu, affirment notre vision commune du monde comme le produit de l'acte créateur de Dieu, et du salut comme le résultat de sa délivrance salvifique en son Fils, Jésus-Christ notre Seigneur. En renouant avec la « Tradition derrière les traditions », nous pouvons réarticuler la puissance de notre foi dans sa forme la plus claire et la plus pure.

Pourquoi est-il important pour chaque disciple de Jésus de puiser dans la seule vraie foi qui nous a été transmise par les apôtres et de la défendre ? La raison la plus claire à laquelle je peux penser est donnée par l'apôtre Paul dans Éphésiens 4, où il affirme comme un fait et une vérité l'unité de notre foi et de notre pratique communes en tant qu'amoureux et disciples de Jésus.

> *Eph. 4:1-6 : « Je vous exhorte donc, moi, le prisonnier dans le Seigneur, à marcher d'une manière digne de la vocation qui vous a été adressée, 2 en toute humilité et douceur, avec patience, vous supportant les uns les autres avec charité, 3 vous efforçant de conserver l'unité de l'esprit par le lien de la paix. 4 Il y a un seul corps et un seul Esprit, comme aussi vous avez été appelés à une seule espérance par votre vocation; 5 il y a un seul Seigneur, une seule foi, un seul baptême, 6 un seul Dieu et Père de tous, qui est au-dessus de tous, et parmi tous, et en tous. »*

Paul exhorte les Éphésiens à marcher d'une manière digne de leur vocation, en toute douceur et humilité, en vivant dans l'amour et en étant contrôlés par le Saint-Esprit par le lien de la paix. Il fournit ensuite une litanie d'affirmations sur l'unité de notre foi en Christ.

Tout d'abord, il y a un seul corps – le corps du Christ – dans lequel le Saint-Esprit a baptisé tous les vrais croyants, les faisant tous boire d'un seul Esprit (1 Cor. 12:13). Ensuite, il y a un seul Esprit, sans lequel personne ne peut même témoigner que Jésus est Seigneur (1 Cor. 12:4), ni prétendre qu'il appartient au Christ (Rom. 8:7). Il n'y a qu'une seule espérance à notre appel, l'espérance bénie du grand Dieu et de notre Sauveur Jésus-Christ, qui reviendra pour consommer l'œuvre qu'il a réalisée sur la Croix (Tite 2:14). Il n'y a qu'un seul Seigneur : le Seigneur Jésus-Christ (1 Cor. 8:2-3), une seule foi : notre confiance dans l'Évangile du salut en Christ (1 Cor. 15:1-8), un seul baptême : au nom du Père, du Fils et du Saint-Esprit (Matt. 28:19), et un seul Dieu et Père de tous : le Dieu et Père de notre Seigneur Jésus-Christ et l'auteur de notre rédemption (2 Tm. 1:8-9).

Cet enseignement clair de Paul souligne le caractère commun de tous ceux qui croient, et de tous ceux qui ont précédemment cru. Nous partageons l'ADN de Dieu, nous sommes rachetés par le même sang de notre véritable Pâque, et nous avons reçu le pardon par le même sacrifice pour l'humanité. Nous confessons le même credo, et nous adorons au même autel, en invoquant le nom du même Seigneur qui sauve tous ceux qui crient vers lui. Nous qui croyons en Christ, nous sommes tous transformés à son image lorsque nous le contemplons et lui obéissons, et nous servons le même Évangile lorsque nous témoignons à nos familles, à nos amis et à nos voisins de l'amour de Dieu en Christ. Nous partageons les mêmes épreuves et les mêmes persécutions de l'Évangile, et nous mourons avec la même espérance que tous les autres dans le Seigneur. Bientôt et très bientôt, nous éprouverons la même révélation de notre Seigneur Jésus-Christ, nous vivrons la même transformation dans l'immortalité, et tous ceux d'entre nous qui sont morts éprouveront la même résurrection en son nom. Notre destinée est de partager la même gloire dans un nouveau ciel et une nouvelle terre où Christ règne en tant que Seigneur pour toujours.

Cette chanson est vraie : « Nous sommes un dans l'Esprit, nous sommes un dans le Seigneur ! »

Voici l'une des meilleures raisons de la nécessité de redécouvrir nos *racines sacrées*. Nous devons revenir à notre héritage commun dans la foi orthodoxe historique une fois pour toutes afin de vivre et de défendre correctement la seule vérité de la foi. *Nous ne pouvons pas comprendre qui nous sommes ou ce que nous sommes appelés à faire si nous négligeons nos racines communes et historiques de la foi en Christ.* Jude a exhorté les croyants de son époque à se fortifier avec l'intention, par-dessus tout, de défendre la foi qu'ils avaient transmise à l'Église en tant qu'Apôtres. « Bien aimés, comme je désirais vivement vous écrire au sujet de notre salut commun, je me suis senti obligé de le faire afin de vous exhorter à combattre pour la foi qui a été transmise aux saints une fois pour toutes. » (Jude 1:3). Même à l'époque des Apôtres, la seule véritable foi avait déjà été transmise aux saints par les Apôtres. Leur tâche, comme la nôtre, était de la connaître, de la vivre, et de la défendre.

Admettre que nous sommes tous les héritiers et les descendants d'un héritage spirituel commun exige que nous affirmions tous, quelles que soient nos traditions, que si nous sommes une véritable expression de la foi, nous sommes les héritiers de ce que nous avons reçu des Apôtres et de leur témoignage oculaire du Christ. En d'autres termes, nous devons réaffirmer notre affinité avec les credo et les conciles de notre foi (en particulier les quatre premiers conciles œcuméniques), en grande partie parce qu'ils ont été considérés comme la véritable interprétation apostolique de la foi. Être chrétien, c'est être le fruit du témoignage oculaire des Apôtres. La vraie foi, c'est ce qu'ils ont affirmé, ce qu'ils ont vu, ce qu'ils ont déclaré et proclamé.

Par parenthèse, c'est la raison pour laquelle le christianisme sera toujours controversé ; nous affirmons que la vie ne peut être trouvée qu'en Jésus-Christ, et ses témoins faisant autorité sont les Apôtres (1 Jean 1:1-4 ; 5:10-13 ; Luc 1:1-4). Vous ne pouvez pas aplatir notre terrain théologique et doctrinal ; notre foi ne permet pas une pensée selon laquelle « toutes les religions sont également valables ». Nous devrons accueillir le « scandale de la particularité », c'est-à-dire que le salut éternel n'est en aucun autre nom que Jésus de Nazareth (Actes 4:12). Notre confiance est dans la révélation finale de Dieu en Christ, à laquelle les Écritures rendent témoignage, et que les credo et les conciles affirment.

DEMEUREZ FERME ET ACCROCHEZ-VOUS DE TOUT CŒUR À LA TRADITION APOSTOLIQUE

Le raisonnement global de ce livre est le suivant : pour renouveler notre cheminement personnel et collectif dans l'Église contemporaine, nous devons simplement revenir et redécouvrir nos racines sacrées - les croyances, pratiques et engagements fondamentaux de la foi chrétienne. Ces racines ne sont ni sectaires ni provinciales ; elles sont plutôt appréciées et reconnues par tous les croyants, partout, en tout temps. Paul exhorte les Thessaloniciens : « Ainsi donc, frères, demeurez fermes, et retenez les instructions que vous avez reçues, soit par notre parole, soit par notre lettre. » (2 Thess. 2:15). Nos *racines sacrées* impliquent nécessairement que tous ceux qui croient (quel que soit le lieu et le moment où ils ont vécu) affirment leur enracinement commun dans l'œuvre salvifique de

Dieu, le même Seigneur qui a créé, qui a fait alliance avec Israël, qui s'est incarné en Christ, et dont son people (l'Église) témoigne. Cette histoire et ce lien sont uniques ; ceux qui croient partagent une seule espérance et une seule foi, une spiritualité chrétienne commune dont l'Écriture parle comme d'un voyage partagé, qui se déroule en communauté (Eph. 4:1-6).

La reconnaissance de nos *racines sacrées* communes peut nous permettre, quelles que soient nos traditions, d'éprouver de l'empathie pour nos frères et sœurs chrétiens d'autres traditions. Cette compréhension de nos racines communes peut raviver, dans nos vies personnelles et collectives, la force des disciplines du souvenir et de la célébration chrétienne, individuellement et collectivement. En reconnaissant nos racines communes, nous pouvons commencer à redécouvrir notre dévotion commune à Jésus-Christ, exprimée dans la communauté chrétienne par la liturgie, les sacrements et le discipulat.

LES AVANTAGES D'UNE SPIRITUALITÉ COMMUNE FONDÉE SUR LA GRANDE TRADITION

Le partage d'une spiritualité inspirée et enracinée dans la Grande Tradition présente trois avantages distincts.

Premièrement, une telle spiritualité renforce notre identification avec Christ et le peuple de Dieu au fil du temps, et nous donne une assise solide dans les *racines sacrées* de l'olivier du salut de Dieu. Paul, en cherchant à aider les gentils à comprendre leur dette envers l'œuvre de Dieu en Israël, compare leur incorporation dans la foi en termes de greffe dans l'arbre de Dieu.

> *Romains 11:16-18 : « Or, si les prémices sont saintes, la masse l'est aussi; et si la racine est sainte, les branches le sont aussi. 17 Mais si quelques-unes des branches ont été retranchées, et si toi, qui était un olivier sauvage, tu as été enté à leur place, et rendu participant de la racine et de la graisse de l'olivier, 18 ne te glorifie pas aux dépens de ces branches. Si tu te glorifies, sache que ce n'est pas toi qui portes la racine, mais que c'est la racine qui te porte. »*

Ce que Paul affirme, c'est que tout véritable croyant fait partie d'un arbre organique et continu de la foi qui a commencé avec la promesse du jardin (Gen. 3:15), proclamé dans la promesse de Dieu à Abraham, Isaac et Jacob (Gen. 12:3), prophétisé à la tribu de Juda (Gen. 49), confirmé à travers David (2 Sam. 7), et s'est accompli à travers Marie (Luc 1:30-33). Nous devons tous nous considérer comme greffés sur l'olivier de Dieu, dont les racines sont anciennes - plus anciennes que l'univers même - et assurées par le dessein souverain de Dieu. Indépendamment de nos origines ou de nos localités, nous partageons la seule, véritable et commune foi en Dieu Tout-Puissant qui a sauvé un peuple issu de la race d'Adam pour lui-même et pour sa gloire (Eph. 1:9-11).

Cela signifie que tout disciple de Jésus, purifié par son sang, partage la même espérance fondamentale et la même vocation avec tout autre chrétien de toute race, langue, peuple et nation. Bien que nous puissions exprimer notre allégeance, au sein de l'olivier, par des particularités liturgiques, communales et missionnaires spécifiques, nous partageons néanmoins le même ADN spirituel et la même histoire. Paul énonce clairement cette vérité remarquable lorsqu'il affirme que tous ceux qui croient sont les enfants du fidèle Abraham, par la foi.

> *Romains 4:16-17 : « C'est pourquoi les héritiers le sont par la foi, pour que ce soit par grâce, afin que la promesse soit assurée à toute la postérité, non seulement à celle qui est sous la loi, mais aussi à celle qui a la foi d'Abraham, notre père à tous, selon qu'il est écrit: 17 Je t'ai établi père d'un grand nombre de nations. Il est notre père devant celui auquel il a cru, Dieu, qui donne la vie aux morts, et qui appelle les choses qui ne sont point comme si elles étaient. »*

L'histoire de Dieu devient maintenant notre histoire, et les racines de la rédemption sont miraculeusement devenues nos racines sacrées. Le récit que le Saint-Esprit raconte est maintenant devenu notre récit commun, et nous poursuivons cette histoire en tant que participants à travers notre culte et notre discipulat dans l'Église. Les histoires de nos vies individuelles font désormais partie d'un réseau plus vaste de récits qui constituent l'histoire de l'Église, qui elle-même fait partie de la grande histoire de la rédemption, de l'amour et de la restauration de Dieu.

En vérité, Abraham est le père de nous tous, car nous qui croyons, nous « partageons la foi d'Abraham ».

Deuxièmement, une telle spiritualité affirme que, puisque nous partageons les mêmes racines et la même histoire que les croyants de partout et de tous les temps, nous appartenons à l'Église mondiale. Nous sommes profondément enrichis de savoir qu'en incarnant l'histoire de Dieu là où nous sommes, nous participons véritablement à la reconnaissance et à l'affirmation évangélique de notre place dans l'ensemble de la communauté chrétienne mondiale. En effet, nous pouvons maintenant confirmer notre place dans la famille de Dieu. Nous partageons avec tous ceux qui croient des racines, des engagements et une vision communs. Nous suivons notre propre telos (but), en mesurant et en marquant le temps par les œuvres d'époque de Dieu pour créer son monde, former son peuple et sauver son Église. Nous suivons les dates et marquons le temps par notre propre calendrier, avec son rythme particulier, et nous suivons un scénario qui façonne la vie de toute l'Église, avec des thèmes, des célébrations, des rassemblements et des missions communs. Nous sommes ancrés dans un objectif commun, armés d'un thème et d'un centre d'intérêt communs, et réaffirmés par des observances et des pratiques communes, toutes centrées sur la personne et l'œuvre de Jésus-Christ, et sa vocation dans nos vies.

En partageant cette vision intégrée exprimée dans des rythmes communs (qui sont à la fois liturgiques et missionnaires), nous adoptons un calendrier commun ; nous comptons nos jours, nos semaines et nos mois ensemble dans le cadre de la discipline spirituelle et du culte. Cette unité (qui n'est pas une conformité aveugle) crée un nouveau sens de la communauté. Nous sommes tenus, aussi bien comme dirigeants que comme membres, de vivre selon les vérités et les engagements articulés par notre foi commune. Ensemble, dans la théologie, le culte, le discipulat et la propagation, nous vivons et racontons l'histoire de l'amour fidèle de Dieu, et nous nous efforçons d'en être les agents et les ambassadeurs partout où Dieu nous conduit. Cette unité est celle affirmée par Paul et les autres Apôtres, et dont Jésus a prié pour son peuple dans sa prière du grand prêtre (cf. Jean 17).

Enfin, une telle spiritualité intensifie notre passion pour la reproductibilité et la multiplication en nous permettant de savoir précisément ce que nous croyons, pratiquons et faisons, et ce qui est donc digne d'être reproduit. Partager une spiritualité enracinée dans la Grande Tradition met en évidence ce que nous espérons reproduire dans notre témoignage et notre mission. Nous n'avons pas à courir après la dernière mode ou à nous engager constamment dans une activité fébrile, cherchant toujours à être « innovants » et « cool » (quel que soit le sens de ces mots). Au contraire, ancrés dans la seule vraie foi, nous pouvons poursuivre, dans nos vies et notre témoignage, la vérité telle qu'elle est en Christ (Eph. 4:17-24), en confessant et en mettant en œuvre la même histoire qui a été vécue et prêchée dans l'Église depuis le début. Être vraiment innovant, c'est être manifestement original dans le sens où l'on défend ce qui a été transmis une fois pour toutes au peuple de Dieu (Jude 1:3).

En vérité, le partage d'une spiritualité fondée sur la Grande Tradition nous encourage à innover d'une manière qui compte le plus - nous pouvons nous efforcer de communiquer de manière claire et convaincante la foi même que nous chérissons et dans laquelle nous nous réjouissons. Cette notion de reproduction est manifestement organique : nous nous reproduisons après l'espèce, Genèse 1:11 : « Puis Dieu dit: Que la terre produise de la verdure, de l'herbe portant de la semence, des arbres fruitiers donnant du fruit selon leur espèce et ayant en eux leur semence sur la terre. Et cela fut ainsi. » Le principe spirituel de la moisson est clair : vous récoltez, en nature, ce que vous avez semé (Gal. 6:7-8). En fin de compte, nous reproduisons *ce que nous sommes*, pas seulement ce que nous disons (Luc 6:39-40 ; 2 Tm. 2:2). Faire des missions d'une manière sensible aux *racines sacrées*, c'est reproduire la même foi, la même dévotion et la même espérance que celles vécues et conservées par les témoins eux-mêmes, qui, si elles sont légitimes, sont la même foi transmise depuis le début (2 Tm. 2:2).

En articulant le contenu de notre foi et de notre pratique dans les *racines sacrées*, nous affirmons qu'en partageant la même spiritualité, nous fournissons aux responsables et à leurs congrégations des modèles et des plans pour une reproductibilité rapide. Savoir qui nous sommes, ce que nous croyons, quels sont nos engagements et comment nous avons l'intention de les obtenir – cette connaissance et cet objectif nous aident à éliminer le gaspillage et à définir une direction claire alors que nous cherchons à étendre notre influence pour le Royaume, au nom du Christ.

À vrai dire, les Témoins de Jéhovah ont tort de suggérer que notre histoire chaotique de conflits dénominationnels est la preuve que nous ne sommes pas « l'organisation de Jéhovah ». Une conformité aveugle à l'autorité religieuse n'est pas la même chose qu'une confession commune de la Parole et un partage commun à la Table. Malgré nos échecs et nos conflits, nous affirmons, dans notre confession, notre liturgie, notre formation spirituelle et notre témoignage, que nous sommes membres de la communion des saints – *le Peuple de l'Histoire*. En partageant cette vision et cette espérance, nous vivons pour faire connaître l'histoire de Dieu.

Le chapitre suivant, qui met un terme à l'argumentaire sur les *racines sacrées*, est mon hommage à l'histoire de Dieu, racontant *l'Histoire* comme un récit.

SACRED·ROOTS

CHAPITRE 5

RESSOURCES POUR PLAIDER LA CAUSE

Au cœur de cet effort de récupération de nos racines sacrées se trouve notre fidélité à lire et à comprendre la Bible à travers les yeux des Apôtres et des Prophètes. Ils considéraient Jésus de Nazareth comme le Messie (ex. Luc 24:27, 44-48 ; Jean 1:41-45 ; 5:39-40 ; etc.), et considéraient les images, les événements, les institutions, les prophéties et l'histoire bibliques comme un témoignage du Christ. L'histoire de Dieu trouve sa substance et son accomplissement dans la personne du Christ, et le cœur du culte et de la mission de l'Église primitive était d'incarner et de témoigner de Jésus en tant que Christ. Tous les graphiques présentés ici mettent en évidence cette herméneutique (c.-à-d. cette méthode d'interprétation) de la Bible, en révélant comment et de quelles manières l'histoire de Dieu atteint son apogée dans le Fils de Dieu, le Seigneur Jésus-Christ. Un tableau qui explique cette relation est celui intitulé *Témoignage de l'Ancien Testament sur Christ et son royaume*, qui montre comment l'Ancien Testament a anticipé et préfiguré dans de multiples dimensions la personne de Christ, qui est ensuite illustrée tout au long du Nouveau Testament. La compréhension des Écritures comme un seul drame (création, incarnation, recréation) est à la base de la redécouverte de nos racines communes ancrées dans la théologie biblique.

Une autre ressource utile pour comprendre la structure de base (l'intrigue) du drame de Dieu raconté dans la Bible elle-même s'appelle : *Il était une fois*. Il s'agit d'un résumé de l'ensemble du drame biblique sous la forme d'un récit, résumant les principales étapes et les points culminants de l'histoire de Dieu telle qu'elle se déroule dans l'Ancien et le Nouveau Testament. *De l'avant à l'après-temps* est une autre façon de percevoir le drame cosmique, en termes d'époques ou de structures temporelles. À ne pas confondre avec des schémas dispensationalistes ou des grilles théologiques d'alliance, ce graphique présente simplement les principaux événements de base de l'histoire de Dieu à la lumière de l'action de Dieu à divers moments mentionnés dans l'Écriture. Enfin, *Jésus de Nazareth : la présence de l'avenir* montre graphiquement l'ensemble du début, du développement et de la conclusion du drame, dont le centre est à la fois la mort et la résurrection de Jésus-Christ. À travers la création, l'alliance, la Croix, l'Église et la consommation, nous passons de la création de toutes choses à la consommation de l'œuvre de Dieu en Christ lors de la seconde venue. Tous ces graphiques peuvent être achetés et/ou téléchargés à l'adresse suivante : *www.tumi.org/sacredroots*.

- Témoignage de l'Ancien Testament sur Christ et son royaume
- Il était une fois : le drame cosmique à travers une narration biblique du monde
- De l'avant à l'après-temps
- Jésus de Nazareth : la présence de l'avenir

TÉMOIGNAGE DE L'ANCIEN TESTAMENT SUR CHRIST ET SON ROYAUME

La représentation du Christ dans l'A.T. :	La promesse de l'Alliance et son accomplissement	La Loi morale	Les christophanies	Typologie	Tabernacle, fête et sacerdoce lévitique	La prophétie messianique	Les promesses de salut
Passage	Gen. 12:1-3	Matt. 5:17-18	Jean 1:18	1 Cor. 15:45	Hé. 8:1-6	Mic. 5:2	És. 9:6-7
Exemple	La semence promise de l'alliance abrahamique	La Loi donnée sur la montagne de Sinaï	Le Commandant de l'armée du Seigneur	Jonas et le grand poisson	Melchisédek, à la fois Grand Prêtre et Roi	Le serviteur souffrant du Seigneur	Le Germe juste de David
Christ en tant que	La Semence de la femme	Le Prophète de Dieu	La révélation présente de Dieu	Antitype du drame de Dieu	Notre Grand Prêtre éternel	Le Fils de l'homme à venir	Le Rédempteur et Roi d'Israël
Illustré dans	Galates	Matthieu	Jean	Matthieu	Hébreux	Luc et Actes	Jean et Apocalypse
But exégétique	Voir Christ comme le coeur du drame sacré de Dieu	Voir Christ comme l'accomplissement de la Loi	Voir Christ comme le révélateur de Dieu	Voir Christ comme l'antitype du typos divin	Voir Chirst dans le cultus du Temple	Voir Christ comme le véritable Messie	Voir Christ comme le Roi qui vient
Comment est-il présenté dans le NT:	Comme l'accomplissement de la promesse sacrée de Dieu	Comme le telos de la Loi	Comme révélation complète, finale et supérieure	Comme la substance derrière les ombres historiques	Comme la réalité derrière les règles et les rôles	Comme le Royaume rendu présent	Comme Celui qui reignera sur le trône de David
Notre réponse dans le culte	La véracité et la fidélité de Dieu	La justice parfaite de Dieu	La présence de Dieu parmi nous	L'Écriture inspirée de Dieu	L'ontologie de Dieu : son domaine comme primordial et déterminant	Le serviteur oint et le médiateur de Dieu	La détermination de Dieu à restaurer l'autorité de son royaume
Comment Dieu est justifié	Dieu ne ment pas: Il est fidèle à sa parole	Jésus accomplit toute justice	La plénitude de Dieu nous est révélée en Jésus de Nazareth	L'Esprit a parlé par les prophètes	Le Seigneur a donné un médiateur pour l'humanité	Tout ce qui a été écrit de lui se réalisera	Sous son règne, le mal sera vaincu et la création restaurée

Révérend Dr. Don L. Davis. ©2008 The Urban Ministry Institute.

IL ÉTAIT UNE FOIS

Le drame cosmique à travers une narration biblique du monde

Révérend Dr Don L. Davis. © 2009. The Urban Ministry Institute.

Le schéma scénaristique suivant retrace le témoignage de l'Écriture sur l'histoire de Dieu, de la création à la re-création. Ce schéma, par définition, est à la fois sélectif et représentatif, et vise à donner au lecteur une idée générale de la trame et du développement de l'histoire biblique. Comprendre la Bible comme un récit continu de la création à la consommation suit à la fois le flux théologique et logique de la bibliothèque unique qu'est la Parole de Dieu, et correspond à l'exégèse du Christ et de ses Apôtres. Espérons qu'en nous familiarisant avec cette trame et cette histoire, nous serons mieux à même d'intégrer son message dans notre théologie, notre culte, notre spiritualité, notre service et notre mission.

D'ÉTERNITÉ EN ÉTERNITÉ, NOTRE SEIGNEUR EST DIEU

Depuis l'éternité, dans ce mystère incomparable de l'existence avant que le temps ne commence, notre Dieu trinitaire a habité dans une splendeur parfaite dans une communauté éternelle en tant que Père, Fils et Saint-Esprit - le JE SUIS - déployant ses attributs parfaits dans une relation éternelle, n'ayant besoin de rien, dans une sainteté, une joie et une beauté sans limites. Selon sa volonté souveraine, notre Dieu a choisi, par amour, de créer un univers où sa splendeur serait révélée, et un monde où sa gloire serait manifestée et où habiterait un peuple créé à son image, qui partagerait la communion et jouirait d'une union relationnelle avec lui, tout cela pour sa gloire.

QUI EN TANT QUE DIEU SOUVERAIN, A CRÉÉ UN MONDE QUI S'EST FINALEMENT REBELLE CONTRE SON REGNE

Enflammés par la convoitise, l'avidité et l'orgueil, les premiers humains se sont rebellés contre sa volontésous la tromperie du grand prince Satan, dont le complot diabolique visant à remplacer Dieu en tant que maître de tous a entraîné la résistance d'innombrables êtres angéliques à la volonté divine de Dieu dans les cieux. Par leur désobéissance, Adam et Ève se sont exposés eux-mêmes et leurs héritiers à la misère et à la mort ; par leur rébellion, ils ont plongé la création dans le chaos, la souffrance et le mal. Par le péché et la rébellion, l'union entre Dieu et la création a été perdue, et maintenant tout est soumis aux effets de cette grande chute – l'aliénation, la séparation et la condamnation deviennent la réalité sous-jacente de toutes choses. Aucun ange, aucun être humain, aucune créature ne peut résoudre ce dilemme, et sans l'intervention directe de Dieu, l'univers, le monde et toutes ses créatures seraient perdus.

POURTANT, DANS SA MISÉRICORDE ET SA BONTÉ, LE SEIGNEUR DIEU A PROMIS D'ENVOYER UN SAUVEUR POUR RACHETER SA CRÉATION

Par amour d'alliance souverain, Dieu a décidé de remédier aux effets de la rébellion de l'univers en envoyant un Champion, son Fils unique, qui prendrait la forme du couple déchu, adopterait et renverserait leur séparation d'avec Dieu, et souffrirait à la place de toute l'humanité à cause du péché et de la désobéissance de cette dernière. Ainsi, par sa fidélité à l'alliance, Dieu s'est impliqué directement dans l'histoire de l'humanité afin d'assurer son salut. Le Seigneur Dieu s'abaisse à s'engager dans sa création pour la restaurer, pour terrasser le mal une fois pour toutes, et pour établir un peuple d'où sortira son Champion pour établir à nouveau son règne dans le monde.

AINSI, IL A LEVÉ UN PEUPLE D'OÙ VIENDRAIT LE GOUVERNEUR

Ainsi, par Noé, Il sauve le monde de son propre mal, et par Abraham, Il sélectionne le clan d'où viendra la semence. Par Isaac, Il poursuit la promesse faite à Abraham, et par Jacob (Israël), Il établit sa nation, en identifiant la tribu dont il sera issu (Juda). Par Moïse, Il délivre les siens de l'oppression et leur donne sa loi d'alliance, et par Josué, Il fait entrer son peuple dans la terre promise. Par l'intermédiaire de juges et de leaders, Il dirige son peuple et, avec David, Il fait une alliance d'élever un roi de son clan qui régnera pour toujours. Cependant, malgré sa promesse, son peuple ne respecte pas toujours son engagement. Leur rejet obstiné et persistant du Seigneur conduit finalement au jugement de la nation, à son invasion, à son renversement et à sa captivité. Miséricordieusement, Il se souvient de son alliance et permet à un reste de revenir, car la promesse et l'histoire ne sont pas encore accomplies.

QUI, COMME CHAMPION, EST DÉSCENDU DU CIEL, LORSQUE LES TEMPS ÉTAIENT ACCOMPLIS, ET A VAINCU PAR LA CROIX

Quelque 400 ans de silence se sont écoulés. Pourtant, lorsque les temps ont été accomplis, Dieu a réalisé sa promesse d'alliance en entrant dans ce royaume du mal, de la souffrance et de l'aliénation par l'incarnation. En la personne de Jésus de Nazareth, Dieu est descendu du ciel et a vécu parmi nous, manifestant la gloire du Père, remplissant les exigences de la loi morale de Dieu, et démontrant la puissance du Royaume de Dieu dans ses paroles, ses œuvres et ses exorcismes. Sur la Croix, Il a assumé notre rébellion, a détruit la mort, a vaincu le diable et est ressuscité le troisième jour afin de restaurer la création après la Chute, de mettre fin au péché, à la maladie et à la guerre, et d'accorder la vie éternelle à tous ceux qui acceptent son salut.

ET, BIENTÔT ET TRÈS BIENTÔT, IL REVIENDRA DANS CE MONDE ET FERA TOUTES CHOSES NOUVELLES

Monté à la droite du Père, le Seigneur Jésus-Christ a envoyé le Saint-Esprit dans le monde où il a formé un nouveau peuple composé de juifs et de gentils, l'Église. Mandatés sous sa direction, ils témoignent en paroles et en actes de l'Évangile de la réconciliation à toute la création, et lorsqu'ils auront accompli leur tâche, le Seigneur reviendra dans la gloire et achèvera son œuvre pour la création et toutes les créatures. Bientôt, il mettra fin au péché, au mal, à la mort et aux effets de la malédiction pour toujours, et rétablira toute la création sous son véritable règne. Il rafraîchira toutes choses dans des nouveaux cieux et une nouvelle terre, où tous les êtres et toute la création jouiront du shalom du Dieu trinitaire pour toujours, à sa propre gloire et à son propre honneur.

ET, ENFIN, LES RACHETÉS VIVRONT HEUREUX POUR TOUJOURS . . . FIN.

D'AVANT À APRÈS LE TEMPS

Le plan de Dieu et l'histoire humaine

Révérend Dr Don L. Davis. © 2005. The Urban Ministry Institute. Adapté de Suzanne de Dietrich, *God's Unfolding Purpose* (Philadelphie : Westminster Press, 1976).

I.   Avant les temps (l'Eternité passée)

1 Corinthiens 2:7 : « …nous prêchons la sagesse de Dieu, mystérieuse et cachée, que Dieu, avant les siècles, avait destinée pour notre gloire. » (cf. Titus 1:2).

A.   Le Dieu trinitaire éternel
B.   Le dessein éternel de Dieu
C.   Le Mystère de l'Iniquité
D.   Les Principautés et les Puissances

II.   Le commencement des temps (la création et la chute)

Genèse 1:1 : « Au commencement, Dieu créa les cieux et la terre. »

A.   La parole créatrice
B.   L'humanité
C.   La Chute
D.   Le règne de la mort et les premiers signes de la grâce

III. Le déroulement du temps (le plan de Dieu révélé à travers Israël)

Galates 3:8 : « Aussi l'Écriture, prévoyant que Dieu justifierait les païens par la foi, a d'avance annoncé cette bonne nouvelle à Abraham: Toutes les nations seront bénies en toi! »

A.   La Promesse (Les Patriaches)
B.   L'exode et l'alliance au Sinaï
C.   La terre promise
D.   La Cité, le Temple et le Trône (Prophète, Prêtre et Roi)
E.   L'exile
F.   Le reste

IV. *Les temps sont accomplis (l'incarnation du Messie)*

Galatians 4:4-5 : « ...mais, lorsque les temps ont été accomplis, Dieu a envoyé son Fils, né d'une femme, né sous la loi, afin qu'il rachetât ceux qui étaient sous la loi, afin que nous reçussions l'adoption. »

A. Le Roi rentre dans son Royaume

B. La réalité present de son règne

C. Le secret du Royaume:
   Le « déjà » et le « pas encore »

D. Le Roi crucifié

E. Le Seigneur ressucité

V. *Les derniers jours (la décente du Saint-Esprit)*

Actes 2.16-18 : « Mais c'est ici ce qui a été dit par le prophète Joël: Dans les derniers jours, dit Dieu, je répandrai de mon Esprit sur toute chair; Vos fils et vos filles prophétiseront, Vos jeunes gens auront des visions, Et vos vieillards auront des songes. Oui, sur mes serviteurs et sur mes servantes, Dans ces jours-là, je répandrai de mon Esprit; et ils prophétiseront. »

A. Entre les temps: L'Église comme avant-goût
   du Royaume

B. L'Église comme agent du Royaume

C. Le conflit entre le Royaume des ténèbres et le Royaume de la Lumière

VI. *L'accomplissement des temps (La séconde venue)*

Matthieu 13:40-43 : « Or, comme on arrache l'ivraie et qu'on la jette au feu, il en sera de même à la fin du monde. Le Fils de l'homme enverra ses anges, qui arracheront de son royaume tous les scandales et ceux qui commettent l'iniquité: et ils les jetteront dans la fournaise ardente, où il y aura des pleurs et des grincements de dents. Alors les justes resplendiront comme le soleil dans le royaume de leur Père. Que celui qui a des oreilles pour entendre entende. »

A. Le retour du Christ

B. Le jugement

C. La consommation de son Royaume

VII.   *Au-delà des temps (l'éternité future)*

1 Corinthiens 15:24-28 : « Ensuite viendra la fin, quand il remettra le royaume à celui qui est Dieu et Père, après avoir détruit toute domination, toute autorité et toute puissance. Car il faut qu'il règne jusqu'à ce qu'il ait mis tous les ennemis sous ses pieds. Le dernier ennemi qui sera détruit, c'est la mort. Dieu, en effet, a tout mis sous ses pieds. Mais lorsqu'il dit que tout lui a été soumis, il est évident que celui qui lui a soumis toutes choses est excepté. Et lorsque toutes choses lui auront été soumises, alors le Fils lui-même sera soumis à celui qui lui a soumis toutes choses, afin que Dieu soit tout en tous. »

A.   Le Royaume remis à Dieu le Père

B.   Dieu comme « tout en tous »

JÉSUS DE NAZARETH : LA PRÉSENCE DU FUTURE

Révérend Dr Don L. Davi

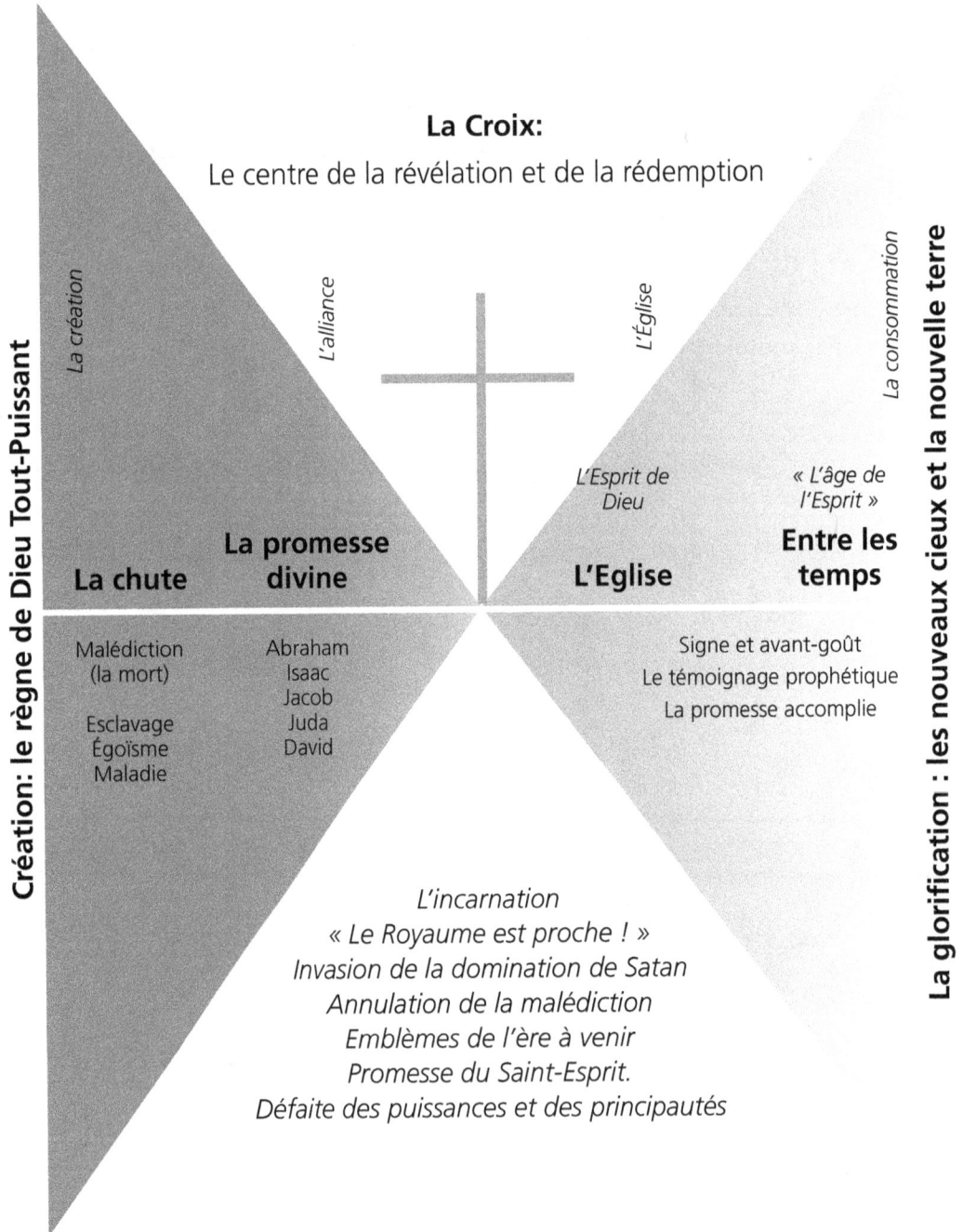

La Croix:

Le centre de la révélation et de la rédemption

La création

L'alliance

L'Église

La consommation

Création: le règne de Dieu Tout-Puissant

La glorification : les nouveaux cieux et la nouvelle terre

L'Esprit de Dieu

« L'âge de l'Esprit »

La promesse divine

La chute

L'Eglise

Entre les temps

Malédiction
(la mort)

Esclavage
Égoïsme
Maladie

Abraham
Isaac
Jacob
Juda
David

Signe et avant-goût
Le témoignage prophétique
La promesse accomplie

L'incarnation
« Le Royaume est proche ! »
Invasion de la domination de Satan
Annulation de la malédiction
Emblèmes de l'ère à venir
Promesse du Saint-Esprit.
Défaite des puissances et des principautés

sacred · roots

SACRED · ROOTS

PARTIE II

VIVRE LA VIE

La vérité peut être considérée comme notre possession
car nous sommes les «nombreux» qui « marchent selon la règle ».
L'Église l'a léguée, l'ayant reçue des Apôtres,
qui l'ont reçue du Christ, et Christ l'a reçue de Dieu.

~ Tertullian (197 apr. j.c.)

Voici, oh! qu'il est agréable, qu'il est doux
Pour des frères de demeurer ensemble!
C'est comme l'huile précieuse qui, répandue sur la tête,
Descend sur la barbe, sur la barbe d'Aaron,
Qui descend sur le bord de ses vêtements.
C'est comme la rosée de l'Hermon, Qui descend sur
les montagnes de Sion; Car c'est là que l'Éternel
envoie la bénédiction, La vie, pour l'éternité.

~ Psaume 133:1-3

SACRED · ROOTS

CHAPITRE 6

L'HISTOIRE DE DIEU

Nos Racines Sacrées

« MON DIEU EST SI GRAND, SI FORT ET SI PUISSANT ! »

Pendant la majorité de mes premières années en tant que missionnaire urbain, j'ai travaillé avec des centaines d'enfants et d'adolescents. En tant qu'enseignant chevronné du club biblique, je suis devenu un expert en chansons de club biblique. Pendant des décennies, nous avons chanté toutes les nouvelles chansons du club biblique dans la ville – sur les parkings, dans les salons, les arrière-cours, les bus, les camps et les programmes spéciaux, pour les parents, les voisins et les banquets. L'un de mes favoris était un petit air qui parlait de la grandeur de Dieu. L'air était amusant, et les paroles constituaient aussi une formidable théologie :

> *Mon Dieu est si grand, si fort et si puissant, il n'y a rien que mon Dieu ne peut pas faire !*
> *Mon Dieu est si grand, si fort et si puissant, il n'y a rien que mon Dieu ne peut pas faire !*
> *Les montagnes sont à lui, les rivières sont à lui, les cieux montrent aussi son travail.*
> *Mon Dieu est si grand, si fort et si puissant, il n'y a rien que mon Dieu ne peut pas faire !*

J'ai le sentiment que cette chanson reflète la merveille et la grandeur de l'Histoire de Dieu qui sert de racine à notre foi et à notre pratique chrétienne, et qui constitue le noyau de la Grande Tradition et la substance de nos racines sacrées. Depuis quelques années, la passion et le projet continus de TUMI consistent à récupérer,

79

articuler et incarner l'histoire biblique et véridique de Dieu, de la rédemption et de la restauration du monde, qui s'étend de la création à la consommation de toutes choses. La Bible raconte l'histoire de la détermination de Dieu à restaurer son règne. Cette determination est fondée sur son amour bienveillant et sa fidélité à l'alliance. Le Seigneur Dieu est bien résolu à restaurer sa création et à sauver de toute l'humanité, un peuple qui lui appartiendra pour toujours. L'histoire de Dieu est racontée avec autorité dans les Écritures inspirées par le Saint-Esprit, les mêmes Écritures qui révèlent le dessein du royaume de Dieu à travers les alliances avec les Patriarches, l'histoire d'Israël, la personne et l'œuvre de Jésus-Christ et son Église.

Depuis la venue du Saint-Esprit, cette histoire de sauvetage et de restauration a été appréciée, célébrée et préservée, à travers les âges, par l'Église (le peuple de Dieu) dont la vie et la foi continuent de la raconter, de la mettre en œuvre et de l'exprimer. Dans tous les aspects de notre vie commune – notre théologie et notre culte, notre spiritualité et notre discipulat, et dans notre service et notre mission – l'histoire de la gloire et de la grâce de Dieu est incarnée en nous aux yeux du monde.

LA GRANDE IMAGE :
L'HISTOIRE DE DIEU ET NOS RACINES SACRÉES EN UN COUP D'ŒIL

Le tableau de la page 145 décrit en détail, sous forme de tabulaire, notre compréhension de l'histoire de Dieu et de nos *racines sacrées*, c'est-à-dire la réponse joyeuse de l'Église à ces actions salvifiques dans sa théologie, son culte, son discipulat et sa propagation. En effet, l'Église de Jésus-Christ est « *le Peuple de l'Histoire* » : nous sommes un peuple né, formé et établi par le récit de l'œuvre de Dieu dans l'histoire, à savoir les Patriarches, Israël et, à son apogée, l'incarnation, la mort et la résurrection du Fils de Dieu – Jésus de Nazareth. Le drame de notre Dieu trinitaire est raconté dans les Écritures, une œuvre dont le point culminant est Jésus-Christ.

La Grande Tradition représente le noyau central de la croyance et de la pratique chrétiennes dérivées des Écritures, qui s'étend de l'époque du Christ au milieu du cinquième siècle. De manière formatrive, cette Tradition articule la foi et la pratique de l'Église, sa réponse joyeuse et fidèle à la vérité de l'œuvre souveraine de la grâce de Dieu dans le monde. Nous croyons que la plupart des éléments qui se sont avérés essentiels et fondateurs de la théologie, de la spiritualité et du témoignage chrétiens ont été formulés par l'ancienne Église indivise vers le cinquième siècle, dans sa vie commune, ainsi que dans ses canons, ses credos et ses conciles.

(Par ailleurs, pour ceux qui lisent ces lignes, mais qui ne sont pas particulièrement intéressés par la théologie, j'espère sincèrement que le langage plus formel ne vous découragera pas d'étudier sérieusement les descriptions énumérées ci-dessous. Bien qu'elles soient écrites délibérément dans le langage un peu sec des écoles de théologie, à mon sens, ces définitions apportent une joie et une clarté véritables à ce que Dieu a fait et fait encore, à ce que je suis et à la manière dont je devrais répondre à sa grâce incomparable. Une grande partie de la vie chrétienne consiste à apprendre à se tenir dans l'admiration des actes puissants de notre Dieu gracieux. C'était la clé de l'efficacité de l'Église ancienne : pour elle, Dieu était en Christ, réconciliant le monde avec lui-même. Qu'il en soit toujours ainsi pour nous aujourd'hui).

LA BASE OBJECTIVE DE L'HISTOIRE DE DIEU: LE DÉROULEMENT DU DRAME DU DIEU TRINITAIRE

En puisant dans ce riche puits de l'histoire de l'Église, nous discernons huit thèmes interconnectés qui ont donné à l'ancienne Église indivise son étonnante vitalité, sa clarté et sa force en des temps troublés. TUMI cherche à définir et à explorer ces éléments dans ses projets, ses programmes et ses événements. Les quatre premiers éléments énumérés ci-dessous font référence à la base objective de l'amour souverain de Dieu, tandis que les quatre derniers reflètent notre compréhension de la réponse subjective de l'Église au drame de Dieu. Chaque élément est associé à une image qui souligne l'élément en question. Dieu raconte sa propre histoire et agit dans son propre drame qui se déroule – une histoire vraie qui culmine dans la personne et l'œuvre de Jésus-Christ.

1. **L'Alpha et l'Oméga.** *L'Auteur de l'Histoire.* En tant que croyants en la trinité de Dieu, nous affirmons sans équivoque que le Dieu trinitaire, le Dieu d'Abraham, d'Isaac et de Jacob, le Dieu de Jésus-Christ, est le Créateur des extrémités de la terre, dont le dessein souverain et les actions déterminent les actions de l'histoire du monde.

THE ALPHA
AND OMEGA

La Grande Tradition affirmait que Dieu est le contrôleur souverain et béni de toutes choses, et ancrait sa vision du monde dans une vision théiste (c.-à-d. que Dieu existe et est la source de toutes choses) et trinitaire (c.-à-d. que le vrai Dieu est le Dieu des Hébreux qui s'est révélé comme un seul Dieu en trois êtres co-égaux, co-substantiels et co-éternels). Le Père est le Créateur, le véritable artisan du cosmos, et il est donc le propriétaire et le souverain disposant de toutes choses. En tant que maître de toutes choses, il a fait l'alliance, dès avant les temps, de racheter de la race d'Adam un peuple pour lui-même et pour sa gloire, par son Fils et par son Esprit Saint. En tant qu'auteur et réalisateur de son propre drame cosmique, son histoire explique, résume et compose le monde. Dieu le Père est l'auteur de sa propre histoire, fondée sur ses tendres miséricordes et sa grande bonté. Il a décidé avant le temps de restaurer l'univers et de racheter, par son Fils, un peuple qui lui apporterait la gloire pour l'éternité.

2. **Christus Victor**. *Le champion de l'histoire.* Avant même la fondation du monde, Dieu a pris l'engagement de restaurer sa création, de racheter de toute l'humanité un peuple qui lui appartiendrait, de détruire les puissances du mal et de triompher sur Satan par l'incarnation et la souffrance de son Fils pour le monde. Tel est le cœur de l'histoire de Dieu. La promesse de la semence de la femme (Gen. 3:15) est le cœur de l'intrigue de la Bible, et toute l'œuvre que Dieu accomplit à travers les Patriarches et Israël culmine dans son arrivée et son accomplissement. Nous qui confessons Jésus-Christ, nous croyons qu'il est cet Acteur et qu'il représente la « présence de l'avenir », l'accomplissement de la promesse divine de Dieu de délivrer sa création de la malédiction.

CHRISTUS
VICTOR

Comme le suggèrent les Pères, l'œuvre d'Adam et d'Israël est récapitulée – c'est-à-dire que leurs actions sont refaites et retracées – dans la vie et le ministère de Jésus. Cette fois, cependant, les actions aboutissent à l'obéissance et à la victoire plutôt qu'à la rébellion et à la Chute. En tant que

Verbe fait chair, il est l'incarnation du Fils de Dieu et sa venue dans le monde a inauguré le Royaume de Dieu. Par son ministère, son enseignement et ses exorcismes, le règne de Dieu est désormais réellement présent. Par sa mort, son enterrement et sa résurrection, notre dette de péché a été payée, toutes choses ont été réconciliées avec Dieu, et le diable et ses serviteurs ont été vaincus. Monté à la droite de Dieu, il règne en tant que Seigneur jusqu'à ce que tous ses ennemis soient placés sous ses pieds. Les fidèles attendent son retour où son œuvre de rédemption et de réconciliation sera consommée lors de la seconde venue.

Après avoir été glorifié par le Père, le Seigneur Jésus a envoyé dans le monde l'Esprit de Dieu, signe prééminent du siècle à venir. Le Saint-Esprit, qui est le gage et l'acompte du plein héritage à venir, est maintenant présent et agit au milieu du peuple de Dieu ; la liberté, le shalom et la justice du Royaume sont manifestés à travers le corps du Christ dans le monde.

3. **Viens, Saint-Esprit**. *L'interprète de l'histoire*. Nous affirmons que le Saint-Esprit, membre coéternel de la Trinité bénie, est le Seigneur et le Donneur de vie. Aucune Écriture n'a été donnée d'interprétation privée, mais de saints messagers du Seigneur ont parlé comme ils étaient poussés par le Saint-Esprit (2 Pi. 1:20-21). Tout au long de l'histoire du peuple de Dieu, l'Esprit a inspiré les prophètes à raconter la vérité concernant Celui qui devait venir, et l'a préfiguré dans les types et les événements de l'histoire d'Israël, la Loi morale d'Israël, les sacrifices lévitiques et la pratique du Temple, dans les théophanies (apparitions divines) de Dieu dans la nation d'Israël, et les promesses divines de l'apparition du Messie. Il est le Donneur de Vie au sein de l'Église, régénérant, baptisant et adoptant tous ceux qui appartiennent à Dieu en Christ, et les dotant de dons gagnés par l'œuvre du Christ sur la Croix.

Par la venue du Saint-Esprit dans le monde, Dieu a donné naissance à l'Église, la communauté mondiale du peuple de Dieu dont l'existence prouve et témoigne en paroles et en actes de la véritable histoire de Dieu dans le monde. L'Église de Jésus-Christ est à la fois le lieu et l'agent du Royaume, c'est-à-dire qu'elle est le lieu où se manifeste la présence de l'âge à venir, et l'agent autorisé à proclamer la délivrance au nom de Jésus et à révéler la liberté, le bien-être et la justice du Royaume dans sa vie et sa mission en ce temps. Avec l'inhabitation du Saint-Esprit dans l'Église, celle-ci est sanctifiée, préparée et transformée afin d'accomplir sa mission d'évangélisation mondiale.

4. **Ta Parole est la Vérité**. *Le témoignage de l'histoire*. Les Écritures canoniques de l'Église représentent le témoignage authentique et faisant autorité du récit de Dieu sur l'histoire et la vie. Les Écritures sont à la fois des archives historiques et des témoignages prophétiques, et doivent être lues comme le scénario du drame que Dieu nous a fait vivre. Par l'intermédiaire des prophètes et des apôtres, Dieu a fourni à son peuple le récit clair et authentique de ses actions créatrices, de ses alliances avec les patriarches, de

son appel à la nation d'Israël, de l'incarnation et des actions salvifiques de son Fils, Jésus de Nazareth. Dans l'histoire globale de Dieu dont témoignent les Écritures, nous voyons l'action de Dieu dans la création de son univers, son dessein souverain de racheter sa création de la malédiction, et ses alliances avec les patriarches, Israël et l'Église.

Les Écritures sont inspirées par Dieu. Elles sont la Parole de Dieu divinement inspirée qui enregistre fidèlement la progression historique des actions salvifiques de Dieu dans le monde, et sa révélation finale et particulière en la personne du Seigneur Jésus-Christ. Le Saint-Esprit, qui a inspiré la Parole, illumine cette même Parole pour le peuple de Dieu, faisant connaître Jésus à l'Église comme le centre, le sujet et le thème des Écritures. Il est à la fois l'acteur principal et le joueur du drame cosmique de Dieu. Par la Parole, nous qui croyons, nous recevons la nourriture pour le voyage, et la force de déclarer et de démontrer l'Évangile du Christ à ceux qui n'ont pas encore entendu parler de l'amour de Dieu.

La réponse subjective :
La participation de l'Église au déroulement du drame de Dieu

Les quatre éléments suivants sont la pratique subjective issue de la base objective des œuvres du Dieu trinitaire dans l'univers. Ils représentent la participation et la réponse de l'Église à la révélation du drame de Dieu dans l'Écriture. L'Église, en tant que communauté rachetée de Dieu, affirme et redit avec joie l'histoire de l'amour de Dieu en Christ. Dans toute sa théologie, son culte, son discipulat et sa propagation, l'Église de Jésus-Christ a cherché à être fidèle au témoignage apostolique concernant Christ et son Royaume tel qu'il est enregistré dans l'Écriture.

5. **La Grande Confession**. *Le Peuple de l'Histoire*. EEn tant que confesseurs de la vérité de l'histoire de Dieu, les croyants représentent le peuple de l'histoire, ceux qui sont appelés à Dieu par l'Esprit à travers la Bonne Nouvelle de la foi salvifique en Christ. Avec tous les saints, nous confessons Jésus-Christ comme Seigneur à la gloire de Dieu le Père, et nous tenons à l'ancienne affirmation de foi crédotale qui reconnaît le Père comme Créateur, Christ comme

   Rédempteur, et l'Esprit comme notre Avocat et Guide. Nous comprenons la théologie comme la défense de la foi unique qui nous a été transmise par les Apôtres et qui est contenue dans les Saintes Écritures. Cette déclaration apostolique est la même foi qui a été défendue et reformulée de manière concise à travers la loupe de l'ancienne règle de foi incarnée dans le Credo des Apôtres et celui de Nicée. Ces documents constituent le résumé de l'ancienne communauté chrétienne des thèses centrales de la foi chrétienne, à savoir la règle de foi qui a défini la foi orthodoxe depuis le début. Cette règle, résumée dans le credo de Nicée, représente ce dépôt qui a de tout temps été cru partout, toujours et par tous dans l'Église. Il s'agit de la même règle qui a été confessée, défendue et articulée depuis les temps anciens jusqu'à aujourd'hui, celle que nous comptons comme la foi orthodoxe historique, et qui résume pour nous le sens, la merveille et la portée de l'Histoire de Dieu pour sa gloire et pour l'univers.

Par cette Confession de la seigneurie et de la puissance salvifique de Jésus-Christ – la Grande Confession de l'Église – le Saint-Esprit forme une communauté qui est dans le monde mais qui n'en fait pas partie; un lieu où la race, le clan, la culture et la parenté ne créent ni séparation ni division. En lui, l'Église est créée, et à travers cette même Église, l'histoire de Dieu se poursuit. Ce peuple est, comme le confesse le credo, le seul peuple du Seigneur, saint, catholique (universel) et apostolique.

6. **Sa vie en nous**. *La réactualisation de l'histoire*. En tant qu'adorateurs rachetés de Dieu en Christ, l'Église est un sacerdoce royal, appelé par Dieu dans son service de culte et dans son rassemblement hebdomadaire le jour du Seigneur pour chanter, proclamer, interpréter, prier et mettre en œuvre l'histoire. Par la liturgie de la Parole et le sacrement, le peuple de Dieu, dont chacun est un ministre et un membre du sacerdoce de Dieu, se réunit en assemblée chrétienne régulière et dynamique pour offrir des sacrifices spirituels à Dieu par Christ dans l'Esprit.

HIS LIFE
IN US

En tant que peuple de Dieu appelé hors du monde et en communion avec le Père et le Fils par le Saint-Esprit, l'Église se rassemble fidèlement pour se souvenir du passé, anticiper l'avenir et actualiser la vérité de l'histoire dans le présent. Dans notre prédication de la Parole, notre récitation du Credo, notre chant d'hymnes, de chansons et de chants spirituels, nos prières et notre pardon, notre guérison et la célébration de la Cène, nous recevons le pouvoir et la grâce d'incarner l'Histoire et d'en témoigner. Par l'Esprit, nous offrons un culte sacerdotal à Dieu, et nous nous fortifions mutuellement dans le témoignage et la confession, en faisant l'expérience de la présence de Dieu lorsque nous nous rassemblons pour honorer et adorer Dieu par la récitation historique (prédication de la Parole) et la reconstitution dramatique (célébration de la Cène) [Webber] de l'histoire de Dieu.

7. **Vivre sur le Chemin**. *L'incarnation de l'histoire*. En tant que disciples de Jésus-Christ, nous cherchons à nous conformer à son image; nous nous efforçons

de refléter sa bassesse, son humilité et son obéissance radicale au Père. À cette fin, nous nous efforçons – à titre d'individus, de familles et de congregations – de nous soumettre à la supervision pastorale de ceux qui sont chargés de paître le troupeau, ainsi que d'être formés spirituellement et d'incarner collectivement l'histoire de Dieu par notre pratique des disciplines spirituelles. Guidés par l'expression classique de la formation spirituelle à travers le calendrier chrétien, nous parcourons chaque année les grandes étapes de la vie de Jésus, en célébrant et en incarnant ces événements par des observances et des commémorations tout au long de l'année. En suivant fidèlement l'année sacrée, nous suivons les événements de l'histoire de Dieu dans la vie et le ministère de Jésus, célébrés, commémorés et anticipés en temps réel (c.-à-d. au moment approximatif de leur réalisation). À travers nos lectures, nos services, nos liturgies et les disciplines spirituelles, nous partageons une spiritualité dynamique et la communion ensemble alors que nous nous identifions dans le pèlerinage spirituel avec Jésus-Christ dans l'histoire de sa venue et de son ministère telle que racontée dans le Nouveau Testament.

Chaque saison est une réflexion spécifique sur un aspect intégral de l'événement du Christ : l'*Avent* (sa venue), *Noël* (son incarnation), l'*Épiphanie* (sa manifestation au monde), *le Carême* (ses souffrances et son humilité), *la Semaine sainte* (sa passion et sa mort), *le Temps pascal* (sa résurrection et son ascension) et *la Pentecôte* (son envoi du Saint-Esprit et la reconnaissance de l'œuvre de la Trinité dans le salut). Pendant *la saison après la Pentecôte* (une saison prolongée), nous nous souvenons et anticipons le ministère de notre Seigneur en tant que Chef suprême de l'Église, Seigneur de la moisson et Espoir du monde. Nous nous souvenons de ce que notre Seigneur a accompli dans le passé, tout en cherchant à être transformés dans le souvenir de sa victoire (*anamnesis*), et nous anticipons son œuvre et son règne futurs, en vivant dans l'attente joyeuse de son règne à venir (*prolepsis*). Notre désir est que chacun dans nos assemblées croisse jusqu'à la mesure de la stature parfaite de Christ, reflétant son caractère et portant du fruit pour lui.

8. **Né de nouveau pour servir**. *La continuation de l'histoire*. En tant qu'agents actifs du Royaume de Dieu dans ce système mondial éphémère, nous représentons la continuation du déroulement de l'histoire de Dieu dans le monde, comme l'indique le livre des Actes. Luc montre que le récit du livre des Actes représente la manifestation continue des œuvres de Jésus au sein et à travers son peuple. « Théophile, j'ai parlé, dans mon premier livre, de tout ce que Jésus a commencé de faire et d'enseigner » (Actes 1:1). En tant que membres de son corps, Christ nous a donné le pouvoir, par le Saint-Esprit, de faire connaître aux nations l'histoire de Dieu à travers l'Évangile. Lorsque nous démontrons par notre charité et notre humilité que nous sommes explicitement unis aux autres en Christ, nous révélons au monde que Dieu a en fait envoyé Jésus dans le monde pour le sauver; Jean 17:20-21: « Ce n'est pas pour eux seulement que je prie, mais encore pour ceux qui croiront en moi par leur parole, afin que tous soient un, comme toi, Père, tu es en moi, et comme je suis en toi, afin qu'eux aussi soient un en nous, pour que le monde croie que tu m'as envoyé. »

En tant que peuple visible de l'histoire dans le monde, nous témoignons avec audace et sans honte – par nos parole, nos actes et la puissance du Saint-Esprit – des actions salvifiques de Dieu en Jésus-Christ. Dans nos actes de service et de propagation, nous sommes des ministres de reconciliation, appelant tout les peuples à se reconcilier avec Dieu en Christ. En tant que ses disciples et serviteurs, nous proclamons la Bonne Nouvelle du Royaume par notre vie commune, notre prédication de l'Évangile et notre démonstration de la vie du Royaume dans le monde parmi nos voisins, en particulier parmi les pauvres.

En outre, par la puissance du Saint-Esprit, qui est lui-même le gage de notre futur héritage, nous sommes habilités à démontrer à nos voisins la vie du Royaume ici et maintenant. Nous témoignons et évangélisons les perdus du monde entier par nos actes tangibles d'hospitalité et de générosité qui agrémentent notre doctrine et notre prédication. En obéissance au commandement du Christ, nous allons et faisons des disciples de toutes les nations, les baptisons au nom du Père, du Fils et du Saint-Esprit, et leur enseignons à observer les commandements du Christ. En marchant avec Dieu dans le contexte de nos assemblées locales, nous montrons au monde la vie du Royaume par la puissance du Saint-Esprit, en témoignant de sa réalité dans nos relations individuelles et familiales, sur nos lieux de travail et dans nos quartiers, ainsi que dans nos voisinages immédiats.

UN DIEU ET UNE HISTOIRE ASSEZ GRANDS POUR LE MONDE ENTIER (Y COMPRIS TOI ET MOI)

Cette explication descriptive de l'histoire de Dieu (voir la partie gauche de notre graphique et les quatre premiers éléments décrits ci-dessus [encore une fois, énumérés à la page 135]) détaille l'histoire d'un Être divin dont l'amour, la souveraineté et la grâce sont assez grands pour le monde entier. Dans l'éternité, il a déterminé qu'il ne tournerait pas le dos à sa création déchue, mais a promis d'envoyer un Champion pour nous délivrer. Le Saint-Esprit a inspiré les prophètes à témoigner de sa venue, et en Jésus de Nazareth, il est finalement venu et a accompli la rédemption promise. Maintenant, l'Église, en tant que peuple de l'histoire, répond et participe joyeusement au drame de Dieu (la partie droite du graphique et les quatre derniers éléments ci-dessus).

Le Dieu et Père de notre Seigneur Jésus-Christ est un Dieu assez grand pour son monde, et son histoire est assez grande pour toutes les nations. Il est certain que cette même histoire étonnante d'amour et de grâce est suffisante pour vous et moi, afin de nous transformer, de nous changer et de nous guérir.

Mon Dieu est si grand, si fort et si puissant, il n'y a rien que mon Dieu ne peut pas faire !

CHAPITRE 7

PARTOUT, TOUJOURS ET PAR TOUS

Confesser le Credo de Nicée

Le mot « credo » est un terme latin qui signifie « je crois ». La forme est active, elle ne désigne pas seulement un ensemble de croyances mais une confession de foi. Cette foi est une confiance : non pas « je crois que » (bien que cela soit inclus) mais « je crois en ». Elle est aussi individuelle ; les credo peuvent prendre la forme plurielle de « nous croyons », mais le terme en soi vient de la première personne du singulier du latin : « je crois ».

~ G.W. Bromiley. "Creed"
Elwell's Evangelical Dictionary Software. 1998-99.

En tant que prédicateur noir, j'aime prêcher l'histoire de Lazare écrite dans Jean 11. Elle contient tout ce dont un grand récit a besoin – un cadre puissant, des personnages étonnants, un drame qui remue l'âme, une apogée incroyable et une fin merveilleuse et puissante. Et en plus, c'est la vérité absolue !

L'échange entre Jésus et Marthe avant la résurrection de Lazare ne cesse de m'étonner. Marthe, en une sorte d'aveu ironique, dit à notre Seigneur que si seulement il avait été présent, leur frère ne serait pas mort. Jésus, pas du tout découragé, affirme, comme seul le Seigneur de tous peut le faire : « Ton frère ressuscitera. » (v. 23). Marthe, se référant à la bonne théologie hébraïque, affirme qu'elle sait qu'il ressuscitera lors de la résurrection du dernier jour (v. 24). Dans une affirmation audacieuse et remarquable, Jésus passe des idées générales sur la théologie à sa propre identité et à sa propre personne :

Jean 11:23-26 : « Jésus lui dit: Ton frère ressuscitera. 24 Je sais, lui répondit Marthe, qu'il ressuscitera à la résurrection, au dernier jour. 25 Jésus lui dit: Je suis la résurrection et la vie. Celui qui croit en moi vivra, quand même il serait mort; 26 et quiconque vit et croit en moi ne mourra jamais. Crois-tu cela? »

Le fondement de toute la foi de Marthe en Jésus de Nazareth se résume à sa foi en la personne du Christ. Sa question, à mon avis, résume le rôle central que la théologie jouera toujours dans toutes les questions de foi et de vie. Ce que vous croyez concernant Jésus de Nazareth s'avérera être la chose la plus importante que vous aurez jamais jugée vraie ou fausse dans votre vie. Notre credo, en d'autres termes, c'est notre vie même.

LES DISPUTES CONCERNANT LES CREDOS

Rien ne peut créer plus de désordre, de discussions et de désaccords parmi beaucoup de nos communautés de croyants que la discussion sur l'autorité et la portée des credo œcuméniques de l'Église. Ces documents historiques sont importants pour nous qui croyons, en grande partie parce que, grâce à eux, nous pouvons facilement identifier les différentes crises et controverses concernant la substance et la signification de notre foi. Pourtant, en ce qui concerne leur utilité dans l'Église pour la théologie, le culte et la formation spirituelle, ces documents critiques et leur signification continuent d'être fortement contestés.

Certains pensent que les credo ont tendance à être extrabibliques (en dehors ou au-delà de la Bible) dans le sens où ils vont plus loin dans leurs affirmations que ce que les Écritures affirment. De ce point de vue, les credo œcuméniques sont les produits d'une approche hyper-hellénisée et rationaliste de la foi, et ne sont guère pertinents à notre époque, où l'Église est confrontée à des problèmes tels que l'holocauste nucléaire et le sectarisme sauvage. D'autres estiment que les credos sont presque aussi importants que les Écritures elles-mêmes, et soutiennent qu'aucune théologie valide ne peut se faire sans respecter les limites de la foi orthodoxe définies par les credos. Comment devrions-nous comprendre la signification des credo dans notre recherche de l'histoire de Dieu, et quel rôle jouent-ils dans notre recherche de la Grande Tradition – nos racines sacrées ?

Ce chapitre soutient que, bien que les credo ne peuvent et ne doivent jamais être considérés au même titre que les Écritures canoniques, ils représentent néanmoins une déclaration claire et sans équivoque de la foi orthodoxe historique. Les credo résument de manière concise ce qui a été cru partout, toujours, et par tous les véritables croyants dans l'histoire de l'Église. L'enseignement des sept conciles œcuméniques historiques et les credo qu'ils ont produits (en particulier les quatre premiers et le Credo de Nicée) peuvent être considérés comme une déclaration claire de ce que l'ancienne Église indivise croyait comme l'enseignement authentique des Apôtres, et sont donc utiles en tant que règle sommaire pour notre foi. Ils servent également de résumé pour la confession théologique et pour les candidats au baptême, de programme d'enseignement pour la croissance des disciples de Jésus, et de test d'orthodoxie pour les candidats au ministère chrétien.

LA BASE BIBLIQUE DE LA THÉOLOGIE CRÉDOTALE

Ce qu'il faut admettre dès le début de notre discussion, c'est que les credos, quelle que soit leur époque ou leur forme, ne doivent pas être équivalus à l'Écriture. Ils n'ont pas et ne pourront jamais avoir la même autorité que les Écritures et doivent, au mieux, être considérés comme un commentaire de l'enseignement de la Bible, en particulier en ce qui concerne la personne et l'œuvre de Jésus-Christ.

Les credo, au sens technique du terme, ne sont pas présents dans la Bible, mais ils ont pour but d'exprimer des données et des vérités bibliques essentielles. Il semble y avoir quelques formes de credo dans les Écritures, comme le Shema de l'AT (Deut. 6:4-9). Un petit credo abrégé apparaît dans Deutéronome 26:5-9, où Dieu ordonne à son peuple, une fois établi dans le pays, de raconter son œuvre salvifique en Égypte :

> *Deutéronome 26:5 : « Tu prendras encore la parole, et tu diras devant l'Éternel, ton Dieu: Mon père était un Araméen nomade; il descendit en Égypte avec peu de gens, et il y fixa son séjour; là, il devint une nation grande, puissante et nombreuse. »*

Dans le Nouveau Testament, bien que les credos au sens formel n'y figurent pas, des sources de matériel ressemblant à des credos y apparaissent par endroits. Par exemple, Paul parle des traditions des Apôtres qui ont été transmises en paroles et en actes (2 Thess. 2:15), et de la « Parole du Seigneur » dans (Gal. 6:6). La prédication des Apôtres est résumée et presque présentée dans un sens formel et crédotal en 1 Timothée 3:16, les différentes phrases de la déclaration de Paul possédant une sorte de rythme confessionnel :

> *1 Timothée 3:16 : « Et, sans contredit, le mystère de la piété est grand: celui qui a été manifesté en chair, justifié par l'Esprit, vu des anges, prêché aux Gentils, cru dans le monde, élevé dans la gloire. »*

Bien que, dans le sens technique du terme, ce résumé constitue un commentaire de la prédication des Apôtres (cf. Rom. 16:25-27), il présente des signes de structure crédotale et exprime de façon synthétique l'essentiel du message apostolique concernant Jésus, qui est le Christ.

Certains des endroits les plus riches et les plus explicites de la confession de foi dans le Nouveau Testament sont les confessions baptismales (voir Actes 8:37 ; Matthieu 28:19 ; Rom. 10:9-10). Ce sont des déclarations importantes concernant la confession et la croyance des premiers chrétiens, et elles donnent un réel aperçu de la nature de leur croyance, nécessaire au salut et à l'entrée dans le corps du Christ sur la base de la confession. Bien sûr, le grand hymne christique de Philippiens (Phil. 2:5-11) nous fournit l'un des premiers exemples de confession christologique dans l'Église. Dans ce texte étonnant, nous voyons toute l'histoire de l'humiliation et de l'exaltation du Christ écrite en grand pour l'Église, et elle est donnée dans le contexte du culte et de l'instruction des disciples. Ces textes donnent tous des aperçus du type de données et de matières qui ont grandement influencé la rédaction et la structure des premiers credos.

POURQUOI DES CREDOS ?

Il est légitime de se demander pourquoi nous avons besoin de credos, alors que la Bible nous a été donnée dans son intégralité et qu'elle constitue le canon final. Pourquoi ne pouvons-nous pas simplement laisser la Bible s'exprimer en ses propres termes, et la laisser nous servir de dernier mot sur les points de doctrine et de pratique de notre foi ?

Eh bien, la foi chrétienne, bien qu'elle soit ancrée dans la révélation de Dieu dans la création, au sein d'Israël, et finalement en Jésus-Christ, reste convaincante et claire, et pourtant, son enseignement présente de nombreuses difficultés. L'Évangile, quoique clair, est alourdi de concepts et de vérités difficiles à comprendre et à harmoniser. Même l'apôtre Pierre a parlé de ce besoin de ne pas simplement confesser la vérité mais d'essayer de la comprendre.

> 2 Pierre 3:15-16 : « *Croyez que la patience de notre Seigneur est votre salut, comme notre bien-aimé frère Paul vous l'a aussi écrit, selon la sagesse qui lui a été donnée. 16C'est ce qu'il fait dans toutes les lettres, où il parle de ces choses, dans lesquelles il y a des points difficiles à comprendre, dont les personnes ignorantes et mal affermies tordent le sens, comme celui des autres Écritures, pour leur propre ruine.* »

La foi exige et vise la compréhension, comme l'a déclaré le grand penseur chrétien Anselme. Nous devons comprendre l'histoire de Dieu de telle sorte que nous puissions en déclarer le sens d'une manière qui en produise des traductions claires pour les autres. Notre objectif est de communiquer clairement le mystère de Dieu en Christ, de déclarer ouvertement et audacieusement l'amour de Dieu en Christ afin que les peuples du monde entier puissent à la fois en percevoir le sens et ressentir sa portée. Il est difficile de voir comment nous pouvons communiquer la Bonne Nouvelle de l'histoire de Dieu en Christ si nous ne la rendons pas compréhensible pour que les autres la comprennent et la reçoivent.

LES CREDOS EN TANT QUE DOCUMENTS HISTORIQUES

Les credos sont utiles, non seulement pour communiquer clairement la foi, mais aussi en tant que documents historiques qui résument les controverses et les questions concernant la signification de notre foi dans le passé. Tout au long de l'histoire de l'Église, les croyants ont été confrontés à de nombreuses questions, débats et préoccupations qui ont entraîné des erreurs de jugement et d'interprétation concernant les faits et la signification de ces faits liés à l'Évangile chrétien. Les types de situations qui ont donné lieu à ces conversations sont nombreux : enseignement hérétique, questions de culte orthodoxe, problèmes avec les croyants qui se sont détournés de la foi pendant la persécution, et la véritable signification orthodoxe du message de notre Histoire. Le christianisme est une religion historique : Dieu a agi et parlé dans l'histoire, et enfin en Christ ; le sens de ce message doit constamment être confessé et défendu. Les Credo nous offrent un moyen de retracer et d'examiner ces questions, et de voir comment l'Église les a définies et réglées à la lumière de la foi.

UN PROGRAMME D'ENSEIGNEMENT POUR LES CANDIDATS AU BAPTÊME

Ensuite, les credo œcuméniques servent également de syllabus pour l'enseignement catéchétique de la croyance et de la doctrine chrétiennes, dans le but de définir ce que les chrétiens du monde entier croient et confessent. En ce sens, les credo sont rédigés à partir d'une qualité universellement applicable et contraignante partout ; ils sont intentionnellement « catholiques ». Cela ne signifie pas qu'ils sont catholiques romains, mais catholiques dans le sens où ils expriment le cœur de la foi chrétienne que nous, en tant que croyants, avons tenu depuis le début, indépendamment du peuple et du lieu spécifiques où la confession est faite. Alors que les credo dénominationnels ultérieurs peuvent être la confession d'une tradition particulière de l'Église, les credo œcuméniques de l'ancienne Église indivise sont antérieurs à nos identités dénominationnelles, fondées sur la tradition. Les credo, en particulier le credo de Nicée, résument les croyances fondamentales de l'Église « catholique », qui es le corps unique, universel, transhistorique et multinational du Christ.

En tant que manuel d'enseignement, le Credo de Nicée permet des variations (de la « simple exposition à la présentation théologique avancée »). Par exemple, le Credo peut être suffisamment basique pour permettre à des collégiens de suivre un cours d'introduction aux points forts de l'histoire. Ou bien, son étude peut être suffisamment complexe pour fournir un traitement sophistiqué et très érudit de la pensée chrétienne, comme la théologie systématique de Langdon Gilkey basée sur le Credo ou les Catéchèses de Cyrille de Jérusalem au quatrième siècle. À partir des sources les plus anciennes, nous pouvons apprendre comment les candidats au baptême devaient faire preuve d'une certaine compréhension des principes de base du Credo lorsqu'ils faisaient une profession de foi personnelle au moment du baptême. Le Credo est suffisant pour le candidat au baptême ou l'étudiant en théologie de niveau post-doctoral !

ÉDUCATION DOCTRINALE ET THÉOLOGIQUE POUR LES MASSES

Le Credo sert également de base à l'éducation doctrinale et théologique de la communauté chrétienne en général, quel que soit le niveau de maturité. Les Credo étaient établis en réponse à des controverses théologiques, à la propagation d'hérésies et de la nécessité de protéger la confession apostolique de tout mélange de mensonges. D'une manière étrange, il y avait en fait un ministère impliqué dans les diverses hérésies qui ont émergé dans l'Église primitive. Ironiquement, ces hérésies, avec leurs idées bizarres et étrangères, ont permis aux premiers pasteurs chrétiens de développer leurs premières confessions élémentaires pour en faire des formulations plus élaborées de notre foi, avec un langage et des idées conformes à l'enseignement des Apôtres.

Par exemple, nous pouvons examiner nos premiers credo et reconstituer quelques exemples des confessions orthodoxes qu'ils étaient censés défendre. L'expression « Créateur du ciel et de la terre » a probablement été écrite pour combattre l'idée gnostique de séparer le vrai Dieu de sa création. L'enseignement sur la naissance virginale et la mort de Jésus combat les arguments gnostiques contre la nature humaine authentique de Jésus. L'affirmation que Christ est le « vrai Dieu » confronte et répond à la notion arienne selon laquelle Jésus n'était pas divin. Cette affirmation a certainement été ajoutée pour affirmer la divinité absolue du Christ. Les credo ne remplacent pas l'histoire biblique, mais fonctionnent plutôt comme un résumé ou commentaire sur le sens propre de l'histoire scripturaire, nous permettant de discerner entre les versions fausses et vraies de celle-ci.

LA RÉCITATION DE L'HISTOIRE DE DIEU DANS LE CULTE

Historiquement, l'une des fonctions les plus importantes des credo est peut-être le rôle central qu'ils jouent dans la récitation de l'histoire de Dieu au cours du culte, en tant qu'élément essentiel de la liturgie de la communauté des croyants. Depuis les premiers temps, les Chrétiens ont confessé l'Histoire de Dieu par des lectures à haute voix, l'affirmation de leur foi, le chant et le sermon, tout ceci constituant une partie essentielle du véritable culte chrétien. Au début de l'histoire chrétienne des versions de l'ancien symbole romain (le Credo des Apôtres) et, plus tard, le Credo de Nicée ont été incorporées dans la séquence eucharistique (c.-à-d. le service de la Cène), d'abord en Orient, puis en Espagne et enfin à Rome. Souvent, la récitation du credo était placée après la lecture et l'enseignement des Écritures, comme une réponse de foi de l'assemblée à la Parole de Dieu. Cette pratique de la lecture du Credo en réponse au sermon continue à être pratiquée dans de nombreuses traditions aujourd'hui.

LES TROIS CREDOS RECONNUS COMME PRÉPONDÉRANTS DANS L'ÉGLISE : LE CREDO DES APÔTRES, LE CREDO DE NICÉE ET LE CREDO D'ATHANASE

Dans l'histoire du christianisme, trois credo ont occupé une place supérieure : Le Credo des Apôtres, le Credo de Nicée et le Credo d'Athanase. Nous allons les examiner brièvement, l'un après l'autre.

LE CREDO [OU SYMBOLE] DES APÔTRES

Je crois en Dieu, le Père tout-puissant, Créateur du ciel et de la terre. Et en Jésus Christ, son Fils unique, notre Seigneur ; qui a été conçu du Saint Esprit, est né de la Vierge Marie, a souffert sous Ponce Pilate, a été crucifié, est mort et a été enseveli, est descendu aux enfers ; le troisième jour est ressuscité des morts, est monté aux cieux, est assis à la droite de Dieu le Père tout-puissant, d'où il viendra juger les vivants et les morts. Je crois en l'Esprit Saint, à la sainte Église catholique, à la communion des saints, à la rémission des péchés, à la résurrection de la chair, à la vie éternelle. Amen [Version française traditionnelle]

Le Credo des Apôtres, selon la tradition, fut supposément écrit par les Apôtres sous l'inspiration, et fut donc appelé Symbole ou Credo des Apôtres (Synode de

Milan, 390 après J.-C.). Lorenzo Valla a réfuté l'origine apostolique (que l'Orient n'a jamais acceptée). En étudiant ce credo, cependant, de nombreux érudits attribuent son origine à l'ancien Credo romain (élaboré par Rufinius en 404). Sa forme actuelle date d'environ le VIIIe siècle et a été régulièrement utilisée dans les services de nombreuses Églises en Occident, en particulier par les réformateurs dans leurs liturgies (services de culte), leurs confessions doctrinales et leurs instructions pour le baptême (c.-à-d. les catéchismes).

LE CREDO [OU SYMBOLE] DE NICÉE

Nous croyons, en un seul Dieu, le Père tout-puissant, créateur du ciel et de la terre, de toutes les choses visibles et invisibles;

et en un seul Seigneur Jésus-Christ, le Fils unique de Dieu, engendré du Père avant tous les siècles, lumière de lumière, vrai Dieu de vrai Dieu, engendré, non créé, consubstantiel au Père, par qui tout a été fait.

Pour nous, les hommes, et pour notre salut, il est descendu des cieux; par le Saint-Esprit il s'est incarné de la Vierge Marie, et s'est fait homme; il a été crucifié pour nous sous Ponce Pilate; il a souffert; il a été enseveli; il est ressuscité le troisième jour, selon les Écritures, il est monté aux cieux; il siège à la droite du Père et il reviendra en gloire juger les vivants et les morts, lui dont le règne n'aura pas de fin;

et en l'Esprit-Saint, qui est Seigneur et qui vivifie; qui procède du Père et du Fils; qui ensemble avec le Père et le Fils est adoré et glorifié; qui a parlé par les prophètes;

en une seule Église sainte, catholique et apostolique.

Nous confessons un seul baptême pour la rémission des péchés. Nous attendons la résurrection des morts et la vie du siècle à venir. Amen.

Même si elle porte le nom de « Credo de Nicée », cette confession particulière doit être distinguée du credo de Nicée de l'an 325. Les érudits débattent de la question de savoir si, dans sa forme précédente, il a été reconnu au Concile de Constantinople I (381), mais la plupart conviennent qu'il a été reconnu par le Concile de Chalcédoine en 451, et réaffirmé à Constantinople II en 553. Ce credo est sans conteste la confession principale de l'Église, tant en Orient qu'en Occident ; c'est le principal credo utilisé dans les contextes eucharistiques et catéchétiques dans toute l'Église. Le Credo de Nicée est reconnu comme un résumé authentique des premiers enseignements de la foi orthodoxe historique, celle que les chrétiens ont cru « partout, toujours et par tous ».

En vérité, le Credo de Nicée représente une déclaration concise, élégante et belle de ce que les premiers pasteurs, théologiens et dirigeants de l'Église ont considéré comme les éléments essentiels de l'orthodoxie chrétienne. Pour nous, il s'agit d'un sain commentaire sur la signification de l'histoire biblique, et représente notre test le plus critique de l'orthodoxie historique. Bien qu'elle soit reconnue pour la clarté avec laquelle elle résume la foi, l'Église occidentale a ajouté à ce Credo une clause latine appelée « clause *filioque* » (mot latin qui signifie « et du Fils ») concernant la déclaration sur la procession du Saint-Esprit du Père et du Fils, mais l'Orient n'a jamais concédé l'orthodoxie des versions originales.

Mon cher ami et collègue Terry Cornett a écrit un résumé concis et clair de la signification du Credo de Nicée que je cite ici dans son intégralité :

QU'EST-CE QUE LE CREDO DE NICÉE ?

Le Credo original de Nicée est issu du premier rassemblement mondial de dirigeants chrétiens à Nicée en Bithynie (ce qui est maintenant Isnik, Turquie) en 325. Le concile a été convoqué pour affronter une hérésie appelée arianisme, qui niait la divinité de Jésus et enseignait qu'il était plutôt le plus grand être créé. Le concile de Nicée a élaboré un langage que les évêques pouvaient utiliser pour enseigner à leurs églises qui était Jésus.

Un peu plus de cinquante ans plus tard, de nouveaux défis ont été relevés. Une forme modifiée de l'hérésie arienne faisait un retour en force. En outre, un nouveau problème était apparu : certains évêques et pasteurs avaient commencé à enseigner que le Saint-Esprit n'était pas Dieu (il n'avait pas la même substance que le Père) et n'était même pas vraiment un être. On le considérait comme une sorte de puissance, mais pas comme une personne de la divinité.

Pour résoudre ce problème, un concile de 150 évêques de l'Église orientale s'est réuni en 381 à Constantinople (aujourd'hui Istanbul, Turquie). Ce concile a réaffirmé le fait que Jésus était pleinement Dieu. Il s'est ensuite penché sur la question du Saint-Esprit, que le concile de Nicée n'avait pas traitée (le Credo de Nicée original disait simplement : « Nous croyons en l'Esprit Saint »). Le concile a transformé cette simple déclaration en un paragraphe qui explique plus en détail la personne et l'œuvre du Saint-Esprit.

Cette version élargie du Credo de Nicée original est ce qui est le plus communément connu aujourd'hui sous le nom de « Credo de Nicée » (bien qu'il serait techniquement plus correct de l'appeler « Credo de Nicée-Constantinople » ou « Credo des 150 Pères »). Il est universellement reconnu par les chrétiens de toutes les dénominations.[8] Il est également utilisé dans le cadre du service religieux dans de nombreuses traditions.

~ Terry Cornett. "What Is the Nicene Creed?"
T2-105 Christian Theology: God the Holy Spirit. The Urban Ministry Institute, 1997.

NB : Le mot « catholique » utilisé dans le credo signifie « universel ». Il est significatif car il rappelle aux croyants qu'il existe de nombreuses congrégations mais une seule Église. Aucune congrégation n'est une fin en soi, elle est plutôt organiquement connectée à l'ensemble de l'Église et doit se considérer comme étant en unité avec les autres croyants, tant localement que dans le monde entier.

Le résumé clair et utile de Terry souligne pourquoi le Credo de Nicée a été la base de la théologie, du culte et de la formation doctrinale pour nous, leaders en milieu urbain.

---

[8] Bien que les églises Orthodoxes Orientales n'acceptent pas l'ajout des mots « et le Fils » dans la section sur le Saint-Esprit.

LE CREDO (SYMBOLE) D'ATHANASE

Le dernier des trois Credo principaux est le Credo d'Athanase, qui, d'une certaine manière, est plutôt une déclaration doctrinale qu'une confession crédotale. En lisant ce qui suit, vous remarquerez à quel point cette déclaration est plus complexe en ce qui concerne la doctrine, et comment elle passe d'une structure poétique à une déclaration propositionnelle. En fait, elle se lit davantage comme une déclaration de ce qui constitue l'orthodoxie, plutôt que comme un credo de foi fondamental.

[Début du Ve siècle] Quiconque veut être sauvé, doit avant tout tenir la foi catholique [apostolique/universelle]. Celui qui ne la garde pas entière et inviolée, périra sans aucun doute pour l'éternité. Or la foi catholique la voici : nous adorons un seul Dieu en trois personnes et la Trinité dans l'unité, Sans confondre les personnes ni diviser la substance. Car autre est la personne du Père, autre celle du Fils, autre celle du Saint-Esprit. Mais une est la divinité du Père et du Fils et de l'Esprit-Saint, égale leur gloire, coéternelle leur majesté. Tel est le Père, tel est le Fils, tel est l'Esprit-Saint ; Incréé est le Père, incréé est le Fils, incréé est l'Esprit-Saint ; Infini est le Père, Infini est le Fils, Infini est l'Esprit-Saint ; Éternel est le Père, éternel est le Fils, éternel est l'Esprit-Saint ; et cependant il n'y a pas trois éternels, mais un seul éternel. Non plus que trois incréés ni trois infinis, mais un seul incréé et un seul infini. De même, tout-puissant est le Père, tout-puissant est le Fils, tout-puissant est l'Esprit-Saint ; et cependant il n'y a pas trois tout-puissants mais un seul tout-puissant. Ainsi, le Père est Dieu, le Fils est Dieu et l'Esprit-Saint est Dieu ; Et cependant il n'y a pas trois Dieux mais un seul Dieu. Ainsi le Père est Seigneur, le Fils est Seigneur et l'Esprit-Saint est Seigneur ; et cependant il n'y a pas trois Seigneurs mais un seul Seigneur. Car de même que la vérité chrétienne nous oblige à confesser que chaque personne en particulier est Dieu et Seigneur, ainsi la religion catholique nous défend de dire qu'il y a trois Dieux ou trois Seigneurs. Le Père n'est fait par aucun autre, ni créé, ni engendré. Le Fils est du Père seul : ni fait, ni créé, mais engendré. L'Esprit-Saint est du Père et du Fils : ni fait, ni créé, ni engendré, mais procédant. Il y a donc un seul Père et non trois Pères ; un seul Fils et non trois Fils ; un seul Esprit Saint et non trois Esprits Saints. Et en cette Trinité rien n'est antérieur ou postérieur, rien n'est plus grand ou moins grand, mais les trois personnes sont coéternelles et égales entre elles.

Cette déclaration étendue est souvent attribuée à Athanase vers le quatrième ou le cinquième siècle, et fournit une déclaration plus directe et plus complète sur la nature de la Trinité, étant beaucoup plus approfondie et spécifique que les Credo des Apôtres ou de Nicée. Cette déclaration crédotale particulière montre à quel point les credos sont devenus importants pour la formation des pasteurs et des bergers dans l'Église. La capacité à défendre les vérités contenues dans cette déclaration constituait un test de l'orthodoxie et de la compétence du clergé en Occident à partir du septième siècle. L'utilisation de ce credo variait d'une église à l'autre : alors que les réformateurs considéraient cette déclaration comme un résumé utile de la foi, elle n'était utilisée que de manière nominale par les anglicans et n'était pratiquement pas reconnue en Orient. Il était en effet beaucoup moins important pour la préparation des candidats au baptême ou pour être intégré dans les services de culte.

LES RACINES SACRÉES ET LE CREDO DE NICÉE : RÉSUMÉ DE L'HISTOIRE DE DIEU

Après ce bref aperçu des trois principaux credo de l'Église, nous pouvons maintenant affirmer certaines choses concernant leur utilisation dans l'Église. Aucun engagement envers un quelconque credo ne pourra jamais nous dispenser de la responsabilité de scruter quotidiennement les Écritures afin de nourrir et de faire croître notre foi. Les credo sont des résumés et des commentaires sur la foi, et ne doivent pas être placés sur le même rang que les Écritures. Pourtant, les credos peuvent être utiles pour fournir une réelle compréhension de la signification de la foi. La compréhension et l'affirmation du Credo de Nicée peuvent servir de résumé de l'histoire de Dieu, et sa récitation de sauvegarde de l'orthodoxie historique. Nous pouvons utiliser le Credo de Nicée comme un résumé suffisant de l'histoire de Dieu, utile pour fonder les nouveaux croyants dans la foi, ainsi que pour former les responsables de l'Église.

Le Credo de Nicée représente un résumé historique et clairement défini de la croyance des premiers chrétiens. Il n'est pas seulement l'une des plus anciennes déclarations officielles de la foi chrétienne (il date de près de dix-sept siècles), mais il est également universellement respecté par pratiquement toutes les traditions comme un résumé faisant autorité du cœur de l'enseignement des Apôtres.

Il a été utilisé avec succès tout au long de l'histoire de l'Église comme programme suffisant pour former les nouveaux chrétiens et pour tester les leaders émergents en tant que disciples fidèles de Jésus-Christ.

Le Credo de Nicée est non seulement exact en ce qui concerne la croyance chrétienne, mais c'est aussi une déclaration simple, mémorable et concise de la substance de la croyance chrétienne historique. Moins abrégé que le Credo des Apôtres, et moins prosaïque que le Credo d'Athanase, le Credo de Nicée peut être facilement intégré dans les programmes de formation et les lieux de culte. Il est simple – écrit dans un langage direct, clair et convaincant – et fournit un résumé essentiel de la foi. Il est mémorable et peut facilement servir d'instrument à mémoriser comme « fil à plomb » de notre engagement orthodoxe. Enfin, il est concis ; bien qu'écrit dans un langage dénotatif, il est extrêmement compact dans son style mais significatif dans son poids et son concept.

Une autre raison pour laquelle le Credo de Nicée est essentiel à nos Racines sacrées est qu'il jette les bases nécessaires à la détermination d'un œcuménisme évangélique, une manière pour les croyants bibliques de toute tradition de juger de ce qui est essentiel pour une communion et un service mutuels. Le Credo de Nicée s'est avéré être une sorte de déclaration universelle de ce que les chrétiens ont cru sur les questions essentielles depuis le début. Il est probablement le document le plus célèbre, reconnu par pratiquement toutes les traditions de la foi chrétienne. Il se concentre sur le « minimum irréductible », c'est-à-dire sur les vérités fondamentales et essentielles que les chrétiens ont historiquement considérées comme les vérités de base de la foi. Ainsi, il offre aux chrétiens de divers horizons et traditions un moyen de trouver un terrain d'entente en ce qui concerne notre foi, notre espérance et notre confession.

Théologiquement, le Credo de Nicée définit le dépôt apostolique qui représente la défense de l'Évangile et la pleine explication de la théologie du royaume. En mettant l'accent sur les enseignements fondamentaux que les apôtres ont dispensés sur Dieu et sur Christ, il se concentre sur les « grandes idées » de l'histoire de Dieu. Dieu est le créateur et l'auteur de toutes choses, Christ est le rédempteur et l'expiation pour le monde, l'Esprit est le Seigneur et le donneur de vie, l'inspirateur des prophètes et le coéquipier du Père et du Fils. Ces vérités ont été élaborées et rédigées délibérément pour faire face aux hérésies anti-Christ de l'époque. Ceci rend sa valeur importante ; elle met en lumière les enseignements fondamentaux de l'Église, notamment par rapport à son arrière-plan fondamental centré sur Christ, et nous permet de continuer à nous engager dans des questions liées à ces affirmations aujourd'hui.

En termes de missions, le Credo de Nicée nous fournit un aperçu du contenu critique du témoignage chrétien si essentiel pour le discipulat et l'évangélisation des nations. Dans le Credo de Nicée, nous trouvons ce que les chrétiens ont considéré comme le minimum requis pour prêcher aux perdus, établir les sauvés, catéchiser les nouveaux membres de l'Église et équiper les nouveaux leaders pour le ministère. Dans le Credo de Nicée, nous voyons un test herméneutique pour discerner la conviction biblique, accessible et applicable à tous. En tant qu'instrument de théologie et de culte, le fondement de Nicée a été facilement adapté à des centaines de groupes de personnes, tant pour la liturgie que pour la confession de foi. Les vérités qu'il contient sont fiables et peuvent être facilement adaptées comme norme d'orthodoxie pour les ouvriers, les ministres, les pasteurs et les missionnaires chrétiens. Nous aurions vraiment du mal à trouver une telle règle plus flexible dans son contexte, éprouvée par le temps et clairement approuvée par l'Église pour déterminer la crédibilité doctrinale et théologique pour le développement des chrétiens et la formation des leaders !

ADOPTER LE CREDO COMME UNE SORTE DE RÉSUMÉ DE L'HISTOIRE BIBLIQUE

Je termine ce chapitre par un appel à redécouvrir le Credo de Nicée comme une dimension essentielle de nos racines sacrées dans l'élaboration de l'histoire de Dieu. Certes, ce Credo ne peut jamais remplacer l'Histoire dans l'Écriture, mais il ne fait aucun doute qu'il représente l'un des résumés les plus durables, les plus concis et les plus brillants de notre très sainte foi. En tant que dimension critique, il nous fournit un résumé de l'ensemble du récit chrétien un relief bien marqué. En tant que déclaration centrée sur Christ, il désigne l'histoire de Jésus de Nazareth comme la clé de toute la conscience personnelle du christianisme, et la clé pour comprendre l'espoir de tous les disciples du XXIe siècle aujourd'hui.

Et, en tant que déclaration confessionnelle de la communauté, il nous appelle à affirmer notre foi ensemble, comme un seul corps. Il s'agit d'un credo destiné à devenir une partie de notre conscience et de notre espérance, une déclaration de nos convictions les plus profondes concernant notre compréhension de la nature du monde, de Dieu, de la vie et de l'au-delà.

En tant qu'amoureux des langues, j'aime réciter le Credo chaque semaine lors de notre service de culte. Ensemble, dans la joie et avec énergie, nous proclamons dans cette déclaration notre confession de célébration concernant la vie et le monde. Nous affirmons, au milieu d'autres croyants, ce qui nous tient tous à cœur concernant Dieu et son Fils Jésus, le Saint-Esprit, l'Église et le siècle à venir. Chaque fois que nous récitons ensemble cette ancienne confession, j'imagine les millions d'hommes, de femmes, de garçons et de filles qui, à travers l'histoire, ont confessé cette même constellation de vérités, ce même document, avec le même langage et les mêmes espoirs, les mêmes désirs et les mêmes envies. Nombreux sont ceux qui, au sein de ce mouvement sacré de confesseurs, ont dû saigner pour ces vérités, souffrir à cause de leurs croyances, voire mourir en martyrs pour défendre et soutenir ces étonnantes affirmations concernant l'amour de Dieu pour l'humanité.

Dans notre confession, nous reconnaissons notre place avec eux, et nous nous tenons à leurs côtés dans un engagement commun envers la révélation de Dieu en Christ. La simplicité de son message coïncide avec l'élégance de l'histoire biblique. C'est à partir de ses vérités que nous formons les nouveaux membres et les bergers, les missionnaires et les candidats au baptême, les pénitents qui reviennent chez nous et les professeurs de nos écoles de théologie. L'histoire biblique s'est avérée suffisante pour tous ; elle est suffisante pour nous qui aimons le Seigneur et la foi.

C'est pourquoi je fais appel à cet élément essentiel de la foi chrétienne (c.-à-d. le Credo). Grâce à son enseignement, nous pouvons ancrer les nouveaux croyants dans la foi et donner au théologien, au pasteur ou à l'évêque sophistiqué les moyens de défendre la croyance orthodoxe historique. Redécouvrez le pouvoir de la théologie chrétienne dans votre vie, car ce que nous croyons fait vraiment toute la différence. En effet, dans les vérités du Credo, nous relions la croyance à la doctrine, à l'attitude, à la perspective et à l'espoir. Par notre foi, nous sommes reliés aux luttes de tous les chrétiens partout dans le monde, à travers tous les temps et toute l'histoire. Le Credo nous donne une vision panoramique de ce qui s'est passé, et de ce qui va bientôt se passer en Christ.

La question de Jésus à Marthe touche en fait au cœur de tout : l'histoire que la Bible raconte et que le Credo résume.

> *Jean 11:23-26 : « Jésus lui dit: Ton frère ressuscitera. 24 Je sais, lui répondit Marthe, qu'il ressuscitera à la résurrection, au dernier jour. 25 Jésus lui dit: Je suis la résurrection et la vie. Celui qui croit en moi vivra, quand même il serait mort; 2 6et quiconque vit et croit en moi ne mourra jamais. Crois-tu cela? »*

Sa réponse est conforme à la confession des chrétiens à travers les âges, et doit continuer à être notre réponse en matière de théologie, de culte, de discipulat et de témoignage : « *Elle lui dit: Oui, Seigneur, je crois que tu es le Christ, le Fils de Dieu, qui devait venir dans le monde.* » (Jean 11:27).

CHAPITRE 8

VIVRE LA VIE DE BAPTISÉ

L'Année ecclésiastique et la formation spirituelle

Je n'oublierai jamais mon baptême en Jésus-Christ. Je n'avais que récemment confessé Jésus-Christ comme Seigneur et Sauveur, après une longue période de dépendance à la drogue et un bref engagement avec ma femme chez les Témoins de Jéhovah. Par un miracle du Seigneur, ma femme et moi étions libérés de notre lien avec le culte des Témoins de Jéhovah et nous avions accepté Jésus-Christ comme notre Seigneur et Sauveur. Nous étions de nouveaux croyants, remplis de zèle et de gratitude, et prêts à faire tout ce que notre Seigneur demandait et exigeait. Nous étions pleins de désir et d'espoir, de passion et d'amour, et nous étions prêts, si le Seigneur nous le permettait, à utiliser le reste de notre vie comme serviteurs du Christ.

La cérémonie s'est déroulée dans le calme, en présence de quelques-uns de nos amis, dans le baptistère d'une église que fréquentaient certains de nos très chers amis. La cérémonie était solennelle, profonde et émouvante pour nous – être baptisés tous les deux le même jour, reconnaissant notre unité avec Christ, son peuple, et notre engagement envers l'Évangile et le Royaume. Nous avons décidé à ce moment-là de tout donner au Seigneur, de faire en sorte que chaque jour reflète, du mieux que nous le pouvions, notre union avec Christ.

Paul a parlé de cette unité dans un langage imagé dans son épître aux Romains :

> *Romains 6:3-5 : « Ignorez-vous que nous tous qui avons été baptisés en Jésus Christ, c'est en sa mort que nous avons été baptisés? 4Nous avons donc été ensevelis avec lui par le baptême en sa mort, afin que, comme Christ est ressuscité des morts par la gloire du Père, de même nous aussi nous marchions en nouveauté de vie. 5En effet, si nous sommes devenus une même plante avec lui par la conformité à sa mort, nous le serons aussi par la conformité à sa résurrection. »*

En vérité, la puissance du baptême chrétien, c'est notre lien avec Jésus-Christ, notre identification à son Histoire, notre participation à sa vie, sa mort, son ensevelissement, sa résurrection et, un jour prochain, sa gloire. Pour nous, être chrétien signifierait, pour le reste de notre vie chrétienne, être unis et en unité avec Christ, et partiper à sa vie. Désormais, sa vie serait notre vie, et son but, notre but.

L'année ecclésiastique est un moyen ancien par lequel l'Église, à travers les âges, s'est identifiée à l'Histoire de Dieu en Christ. À travers les rythmes et les observances de l'Année ecclésiastique, les croyants se sont souvenus, ont réfléchi et ont participé à la vie de Jésus-Christ. Cette participation peut facilement être considérée comme une forme de mise en pratique des implications de notre vie de baptisés, des vœux et de la confession que nous avions faits lorsque nous avions reconnu notre union avec Christ et son peuple.

LA FORMATION SPIRITUELLE À TRAVERS LES SAISONS DE L'ANNÉE ECCLÉSIASTIQUE

Afin de voir ce lien et cette intégration de nos vies avec Christ à travers l'année ecclésiastique (également appelée calendrier chrétien, année chrétienne et année liturgique), il serait utile de parcourir brièvement le calendrier. C'est un moyen efficace de concrétiser notre union avec l'histoire de Jésus-Christ, individuellement et collectivement, dans le contexte de notre culte et de notre service, en reconnaissant notre identification avec lui à travers les événements de sa vie.

L'année ecclésiastique est divisée en deux cycles, le premier est appelé le « cycle de la lumière » qui comprend les saisons de l'Avent, de Noël et de l'Épiphanie.

Le second est appelé le « cycle de la vie » qui comprend la saison du Carême, de la Semaine Sainte, de Pâques et de la Pentecôte. Ces deux cycles commencent en décembre et se terminent en novembre. Ils se concentrent sur les différents événements marquants qui sont associés à la promesse, à l'œuvre et à la seconde venue de Jésus-Christ pour le salut.

Le premier cycle commence par le souvenir de la promesse de l'envoi du Messie par Dieu (Avent), que nous anticipons et affirmons dans le contexte de nos vies avant de célébrer la naissance du Christ, Jésus, le bébé de Bethléem (Noël). En-suite, notre attention se porte sur la révélation du Christ aux gentils, symbolisée par le voyage des mages pour trouver l'enfant Jésus, puis nous soulignons les façons dont notre Seigneur se révèle au monde (dans sa présentation au Temple, à Cana de Galilée, lors de son baptême, ses miracles et guérisons, et sa Transfiguration). Le temps de l'Épiphanie est centré sur la révélation de sa mission au monde.

Le deuxième cycle commence avec le Carême, qui met en lumière l'histoire de la bassesse et de l'humilité de Jésus par sa soumission au Père, alors qu'il fixe son visage sur Jérusalem et sur la croix (mercredi des Cendres et Carême). L'année ecclésiastique suit ensuite sa passion en relatant sa dernière semaine, c'est-à-dire sa crucifixion et son ensevelissement (la Semaine sainte et les trois derniers jours, le Triduum, le Jeudi saint, le Vendredi saint et le Samedi saint). Elle annonce ensuite la victoire de Jésus sur le mal, le péché et le diable par sa résurrection du tombeau le troisième jour (Pâques). Elle affirme son ascension à la droite du Père dans la gloire (Ascension), et reconnaît ses dons et sa bénédiction en rappelant la descente du Saint-Esprit et la naissance de son Église à la Pentecôte (Pentecôte). L'année ecclésiastique se souvient ensuite de l'histoire de son Église à travers les âges (Toussaint). Enfin, elle reconnaît qu'à son retour, Christ régnera en maître en tant que Seigneur et Roi sur tous (Règne du Christ-Roi). L'Avent est la saison qui suit la célébration de l'année ecclésiastique et inaugure les célébrations de l'année suivante. Cette saison anticipe la seconde venue du Christ, qui conclura l'année ecclésiastique, mais elle nous prépare également à nous souvenir de sa première venue et à recommencer l'Année ecclésiastique.

Cet aperçu du calendrier de l'Année ecclésiastique révèle à quel point celle-ci est objectivement centrée sur Christ. En tant que moyen d'apprendre le chemin du Christ et de s'y engager par la foi et les œuvres, l'Année ecclésiastique s'est avérée être une approche merveilleuse pour se concentrer sur la personne et l'œuvre du Christ chaque jour, 24 heures sur 24, 7 jours sur 7, individuellement et en tant que corps.

Aperçu des saisons de l'année ecclésiastique

Ayant maintenant parcouru d'un coup d'œil l'ensemble du calendrier à deux cycles, il serait encore plus utile de résumer brièvement chaque saison, en soulignant les façons dont la personne de Jésus est révéléeet l'implication de cette révélation pour notre théologie, notre culte, notre formation des disciples et notre propagation.

La saison de l'Avent : l'avènement du Christ

La saison de l'Avent est une saison d'anticipation et de repentance qui se concentre sur la première et la seconde venue du Christ. Cette double focalisation signifie que l'Avent commence et termine l'année chrétienne (Ésaïe 9 :1-7, 11:1-16; Marc 1:1-8). L'Avent est une anticipation de la première et de la deuxième venue de notre Seigneur. Les prophètes de Dieu ont prédit sa venue, et les anges ont annoncé sa naissance à Marie et aux bergers. Nous affirmons que la promesse de Dieu s'est accomplie lors de l'arrivée du Messie à Bethléem. Cette saison comprend quatre semaines avant la célébration de Noël, chaque semaine étant marquée par un accent particulier symbolisé par le souvenir de la couronne de l'Avent.

- *Première semaine* – l'anticipation : La couronne de l'Avent nous rappelle l'amour éternel de Dieu, sans commencement ni fin. Les bougies nous rappellent la lumière du Christ qui vient dans le monde. Nous allumons la première bougie en attendant la venue du Messie, Emmanuel, Dieu-avec-nous.

- *Deuxième semaine* – l'annonciation : Nous allumons la deuxième bougie pour annoncer la naissance du Roi Sauveur, comme l'ange Gabriel l'a annoncé à Marie, et comme les anges l'ont annoncé aux bergers.

- *Troisième semaine* – l'affirmation : Nous allumons la troisième bougie en reconnaissance de l'accomplissement de la promesse de Dieu de notre salut.

- *Quatrième semaine* – l'arrivée : Nous allumons la quatrième bougie pour célébrer l'arrivée du bébé, né dans une étable à Bethléem, et dont le nom est Emmanuel, Dieu-avec-nous.

LA CÉLÉBRATION DE NOËL : LA NAISSANCE DU CHRIST

La fête de Noël est, pour nous qui croyons, l'affirmation joyeuse du mystère de l'incarnation du Fils de Dieu, le Verbe fait chair dans le monde. C'est la célébration de la naissance du Christ (Luc 2:1-20). Noël célèbre le mystère de l'incarnation du Fils de Dieu, le Verbe fait chair. Il entre dans le monde pour révéler l'amour du Père aux hommes, pour détruire l'œuvre du diable et pour racheter son peuple de ses péchés.

À l'occasion de Noël, les croyants du monde entier célèbrent la naissance du Messie à Bethléem, le Seigneur Jésus-Christ. Ensemble, nous affirmons que Jésus était – et est – le Fils unique de Dieu, le Verbe fait chair, et le fils humain de la Vierge Marie. En lui, nous voyons l'amour de Dieu révélé pour toute l'humanité. Il est le mystère de Dieu qui fait que les cœurs brisés s'émerveillent et se réjouissent. Ce petit enfant devait accomplir la prophétie d'un Sauveur qui, en mourant et en ressuscitant, vaincrait l'ennemi mortel de l'humanité, le diable, nous libérerait de l'esclavage et de la malédiction du péché, et rétablirait la création sous le règne de Dieu. « Joie dans le monde, le Seigneur est venu ! Que la terre accueille son Roi ! »

LA SAISON APRÈS L'ÉPIPHANIE : LA MANIFESTATION DU CHRIST

La fête de l'Épiphanie, célébrée le 6 janvier, commémore la venue des mages qui révèle la mission du Christ dans le monde. Toute la saison de l'Épiphanie met alors l'accent sur la manière dont Christ s'est révélé au monde comme le Fils de Dieu (Luc 2:32; Matt. 17:1-6; Jean 12:32). L'Épiphanie reconnaît Jésus comme la Lumière des Gentils, celui qui a été miraculeusement trouvé par les mages de l'Est, qui ont suivi l'étoile à la recherche de l'enfant Jésus. Leur recherche et leur découverte symbolisent Jésus comme la gloire de son peuple Israël et la Lumière qui brille dans les ténèbres, éclairant les nations et offrant la vie et la rédemption au monde. La lumière du salut de Dieu est révélée à tous les peuples en la personne de Jésus, le Fils de Dieu.

Deux commémorations sont observées pendant la période du « Temps ordinaire »[9] de la saison après l'Épiphanie :

- *Le Baptême du Seigneur* : La commémoration du Baptême du Seigneur célèbre et rappelle le baptême de Jésus par Jean-Baptiste au début de son ministère public. La véritable identité de Jésus en tant que Messie et Seigneur a été révélée par la descente du Saint-Esprit sur lui sous la forme d'une colombe et le témoignage du Père à son sujet : « Celui-ci est mon Fils bien-aimé, en qui j'ai mis toute mon affection. » (Matthieu 3:17).

- *Le Dimanche de la Transfiguration* : « Rappelle la Transfiguration du Christ le dernier dimanche de l'Épiphanie (qui est le dimanche précédant le mercredi des Cendres, le début de notre voyage de Carême) » [Robert Webber]. La gloire du Christ se manifeste dans ce monde – à nous et à travers nous.

LA SAISON DU CARÊME : L'ABAISSEMENT DU CHRIST

Le Carême est la période de quarante jours de l'année ecclésiastique qui commence le mercredi des Cendres et se termine le samedi de la Semaine Sainte. Il appelle la communauté des fidèles à réfléchir aux souffrances, à la crucifixion et à la mort de Jésus. En suivant notre Seigneur dans sa préparation à sa Passion, nous nous préparons sur le chemin de la Croix à la pleine obéissance à Dieu. Le

---

[9] « Le mot "ordinaire" du terme "Temps ordinaire" ne signifie pas ordinaire au sens habituel. Vous vous souvenez des nombres "ordinaux" – premier, deuxième, troisième ? C'est à cela que se réfère le mot « ordinaire » ici. Les dimanches numérotés de l'année en dehors des saisons spéciales. Pourtant, le temps ordinaire semble plutôt ordinaire, il ne fait pas apparaître d'images fortes à l'esprit comme le font les autres saisons. En fait, les dimanches du temps ordinaire ne tombent pas tous à la même période de l'année. Pour comprendre le Temps ordinaire, nous devons comprendre l'année ecclésiastique dans son ensemble. Nous devons nous rappeler la signification essentielle de toutes les autres saisons, puis réfléchir aux rythmes du temps. » Dan Connors, *The Liturgical Year*. Mystic, CT : Twenty-Third Publications, 2005, p. 39.

temps du Carême est donc, comme l'a dit un commentateur, un temps de « préparation, d'accompagnement et de cheminement ». En tant que disciples de Jésus de Nazareth, l'Église trouve sa vie dans son sacrifice sur la Croix, sa victoire sur le mal, le chaos, le péché et la mort, et sa restauration de toutes choses par sa résurrection, son ascension et son retour prochain.

En commençant par la reconnaissance du mercredi des Cendres, nous accompagnons notre Seigneur dans son cheminement vers la Croix, en nous humiliant devant Lui qui a tout donné pour nous afin que nous puissions être libérés du péché, de Satan et de la tombe. Historiquement, le mercredi des Cendres est un jour de jeûne et de repentance qui nous rappelle qu'en tant que disciples, notre cheminement avec Jésus se termine avec lui à la Croix (Luc 9:51). Le mercredi des cendres marque le début de l'observation du Carême.

Le Carême est un temps de réflexion sur la souffrance et la mort de Jésus. Le Carême met également l'accent sur la « mort à soi-même » afin que, comme Jésus, nous nous préparions à obéir à Dieu quel que soit le sacrifice que cela implique. L'observance du Carême appelle les gens à jeûner comme un moyen d'affirmer cette attitude d'obéissance (Luc 5:35; 1 Cor. 9:27; 2 Tm. 2:4; Hé. 11:1-3). En imitant notre Seigneur, préparons-nous sur le chemin de la Croix à la pleine obéissance à Dieu par nos prières, notre soumission, nos aumônes, nos bonnes œuvres et notre brisement.

L'OBERVANCE DE LA SEMAINE SAINTE : LA PASSION DU CHRIST

La Semaine sainte est la dernière semaine du Carême, qui commence par le dimanche des Rameaux et se termine par le samedi de la Semaine sainte, avec la veillée avant la célébration de Pâques. Dans l'Église primitive, les nouveaux convertis profitaient de toute la période du carême pour prier, jeûner et se repentir, afin de se préparer intensément au baptême du matin de Pâques. Aujourd'hui, nous parcourons le chemin de croix avec Jésus, en réfléchissant à sa bassesse et à son humiliation. Les messes du jeudi, du vendredi et du samedi (appelées *Triduum pascal*) sont les jours les plus solennels de l'année ecclésiastique. Nous y voyons clairement la signification de notre baptême en Christ – être unis à lui dans sa souffrance, sa mort, son enterrement et sa résurrection d'entre les morts.

Dans l'ancienne Église, les trois jours [du Triduum pascal] commençaient le jeudi soir et se terminaient par la grande Veillée pascale du samedi soir. Ces messes sont appelées le triduum pascal [ou les trois grands jours].... Ce sont les jours les plus saints, les plus solennels et les plus sérieux de toute l'année. En effet, en ces jours, nous expérimentons et découvrons notre propre destin dans le destin de la mort et de l'ensevelissement ignominieux du Christ et dans sa résurrection triomphante d'entre les morts.

~ Robert Webber. *Ancient-Future Time*.
Grand Rapids: Baker Books, 2004

La Semaine Sainte rappelle les événements de la souffrance et de la mort du Christ. Nous nous souvenons de son entrée triomphale à Jérusalem, célébrée le dimanche des Rameaux, du commandement qu'il a donné le jeudi saint, de sa crucifixion et de son enterrement le vendredi saint, et de sa mise au tombeau, commémorée dans l'ancienne Église par la veillée solennelle du samedi saint, la nuit précédant le dimanche de Pâques.

- Le dimanche des Rameaux : Le dimanche avant Pâques qui commémore l'entrée triomphale du Christ (Jean 12:12-18).

- Le Jeudi saint : Le jeudi qui précède Pâques et qui commémore le don du commandement nouveau et de la Cène avant la mort du Christ (Marc 14:12-26 ; Jean 13). [Du latin mandatum novarum qui signifie « commandement nouveau » (Jean 13:34)].

- Vendredi saint : Le vendredi avant Pâques qui commémore la crucifixion du Christ (Jean 18-19).

- Samedi saint : Le samedi avant Pâques, qui était commémoré dans l'ancienne Église par des messes solennelles et une veillée avant la célébration pascale de la résurrection du Christ (Jean 18-19).

LA SAISON DE PÂQUES À LA PENTECÔTE : LA RÉSURRECTION ET L'ASCENSION DU CHRIST

Pâques : La résurrection du Christ

Pâques est célébré le dimanche qui suit la Semaine Sainte et affirme avec joie la résurrection du Christ (Jean 20). Le dimanche de Pâques, nous célébrons la résurrection de notre Seigneur d'entre les morts. Le troisième jour après sa crucifixion, notre Seigneur est ressuscité des morts avec puissance et gloire, confirmant son identité de Messie de Dieu et la victoire totale remportée sur le péché, le mal et le diable sur la Croix. Celui qui a été trahi par son propre disciple, crucifié sur une croix romaine et enterré dans une tombe empruntée, est passé triomphalement de la mort à la vie par la puissance de Dieu. « Christ est ressuscité ! Il est véritablement ressuscité ! »

L'ascension du Christ

Quarante jours après son relèvement du tombeau, notre Seigneur est monté au ciel pour occuper une position de gloire et d'honneur à la droite du Père. Le jour de l'Ascension commémore l'ascension du Christ au ciel, moment où Dieu « l'a fait asseoir à sa droite dans les lieux célestes, au-dessus de toute domination, de toute autorité, de toute puissance, de toute dignité, et de tout nom qui se peut nommer, non seulement dans le siècle présent, mais encore dans le siècle à venir » (Eph. 1:20b-21 ; 1 P 3:22 ; Luc 24:17-53).

Pendant cinquante jours, du dimanche de Pâques à la Pentecôte, nous méditons sur Jésus ressuscité au cours de ses apparitions à ses disciples. Investi de toute autorité, Jésus monte au ciel, à la droite de Dieu, et nous envoie la promesse du Père, le Saint-Esprit.

Le jour de la Pentecôte

Dix jours après l'ascension du Christ, le Saint-Esprit a été envoyé dans le monde, donnant naissance à l'Église, et étant lui-même le gage et l'acompte de la pleine bénédiction à venir lors de la seconde venue du Christ. La Pentecôte est le jour qui commémore la venue du Saint-Esprit dans l'Église. Par la présence du Saint-Esprit, notre Seigneur Jésus est maintenant présent avec tout son peuple.

La Pentecôte met l'accent sur le signe le plus significatif de la présence du Royaume dans ce monde : la venue du Saint-Esprit. Comme Pierre l'a raconté dans son sermon il y a tant d'années, Dieu avait promis que, dans les derniers temps, l'Esprit de Dieu serait répandu sur l'humanité, et que tout le peuple de Dieu, hommes et femmes, prophétiserait, aurait des visions et des rêves. Les merveilles de Dieu seraient visibles sur la terre, et le témoignage du salut de Dieu en Christ serait porté jusqu'aux extrémités de la terre. Gloire à Dieu, nous vivons à cette époque, celle de la présence de la colombe céleste et de l'entrée de l'Esprit dans notre monde !

Le jour de la Pentecôte, nous commémorons la venue du Saint-Esprit au sein du peuple de Dieu, l'Église. Le Saint-Esprit représente la présence de Dieu tout-puissant, désormais présent avec et pour son people, et accessible à celui-ci dans l'Église. L'œuvre complète de notre Dieu trinitaire qui a sauvé sa création et son peuple est reconnue une semaine après la Pentecôte, le dimanche de la Trinité. Nous sommes appelés à réfléchir ensemble à ce mystère le dimanche de la Trinité.

Le dimanche de la Trinité intervient le premier dimanche après la Pentecôte. À la Pentecôte, Jésus est déclaré comme étant le Messie et le Seigneur (Actes 2:36), et bien sûr, c'est le jour de la venue du Saint-Esprit. L'Église a toujours été attachée à une conception trinitaire de Dieu et cette journée permet aux chrétiens de célébrer et de réfléchir à ce mystère.

LA SAISON APRÈS LA PENTECÔTE : LE TEMPS ORDINAIRE (KINGDOMTIDE)

La saison après la Pentecôte représente un temps de réflexion sur l'œuvre actuelle du Christ dans le ciel, ainsi que sur la promesse et l'espoir de son œuvre à venir lors de sa seconde venue. À l'époque actuelle de l'histoire du salut, l'Église reconnaît le Seigneur comme le Chef suprême de l'Église, le Seigneur de la moisson et l'espoir du monde. Pendant ce temps, nous examinons les thèmes primordiaux du salut : la seigneurie de Jésus, le disciplat chrétien et l'avancement du

Royaume. C'est un temps de direction, de récolte et d'espérance du Royaume Déjà/Pas Encore. L'expression « le Royaume déjà/pas encore » fait référence au Royaume comme étant « déjà » présent par l'incarnation, et aussi « pas encore » pleinement révélé. La pleine consommation du règne de Dieu attend la seconde venue du Christ.

La saison après la Pentecôte (Kingdomtide), Christ comme Chef Suprême de l'Église

Pendant le « temps ordinaire » (Kingdomtide), nous réfléchissons aux actes salvateurs de Dieu à travers le temps. En tant que *Christus Victor*, Jésus doit régner jusqu'à ce que tous ses ennemis soient mis sous ses pieds. Il est la tête du corps, l'Église, et maintenant il donne à son peuple le pouvoir de témoigner de sa grâce salvifique dans le monde.

La saison après la Pentecôte est une saison de reconnaissance et d'affirmation de la chefferie et de la seigneurie de Jésus-Christ. Selon l'apôtre Paul dans sa lettre aux Ephésiens, Dieu le Père a manifesté au monde sa puissance inestimable en ressuscitant son Fils Jésus-Christ d'entre les morts. Le même Jésus qui a été humilié et maltraité lors d'un procès romain fallacieux et d'une procédure du conseil du Sanhédrin juif a maintenant été justifié. Par sa mort et sa résurrection, Jésus le Nazaréen a prouvé qu'il était le seul vrai Fils de Dieu, le Christ et le Seigneur de tous.

La saison après la Pentecôte (Kingdomtide), Christ comme le maître de la moisson

Pendant la saison après la Pentecôte, nous nous engageons dans la mission dans le monde. Christ, ressuscité et exalté, a confié à son peuple la mission de faire des disciples de toutes les nations, de répandre l'Évangile du salut jusqu'aux extrémités de la terre. Dans Matthieu 9:37-38, Jésus dit à ses disciples : « La moisson est grande, mais il y a peu d'ouvriers. Priez donc le maître de la moisson d'envoyer des ouvriers dans sa moisson. » Il les exhorte à lever les yeux et à simplement regarder les champs de la moisson, les millions de nations remplies de gens qui ont besoin de connaître la grâce de Dieu en son Fils. La moisson est mûre et les champs sont blancs; les peuples du monde sont vraiment prêts pour la moisson (Jean 4:34-35).

En tant que Seigneur de la moisson, Jésus a chargé l'Église d'aller faire des disciples de toutes les nations. Pendant cette saison, réfléchissons à la manière dont nous pouvons faire avancer le règne de Dieu en montrant et en racontant le salut du Christ au monde. C'est une saison de récolte.

La saison après la Pentecôte (Kingdomtide), l'espérance du retour du Christ

Comme l'aube suit la nuit, notre Seigneur apparaîtra sûrement en puissance et en gloire pour rassembler les siens, mettre fin à la guerre et au péché et restaurer la création sous la volonté de Dieu. C'est une saison d'espérance du retour prochain du Christ.

Les rythmes du temps, de tous les temps, s'achèveront avec la venue de Jésus-Christ à son retour. À travers les âges, les chrétiens ont aspiré au moment où Dieu consommera son plan de salut par la révélation de son Fils à la fin de cet âge. L'obscurité et l'ombre de cette tragique histoire humaine, la terrible malédiction de la Chute, la punition coûteuse pour la désobéissance volontaire de nos ancêtres et de nous-mêmes – la mort – seront finalement vaincues. La gloire de Dieu est destinée à remplir tout le ciel et toute la terre, et le cher Fils guerrier de Dieu mettra tous les ennemis du Père sous ses pieds. Voilà notre espoir et notre avenir !

La Toussaint et le règne du Christ-Roi

La Toussaint est l'occasion de se souvenir des héros de la foi qui nous ont précédés (en particulier ceux qui sont morts pour l'Évangile). Le Christ vivant est maintenant visible dans le monde à travers les paroles et les actes de son peuple (Jean 14:12 ; Hé. 11 ; Ap. 17:6).

La fête du Christ-Roi est célébrée le dernier dimanche avant l'Avent. Également appelée la fête du règne du Christ, cette déclaration d'attente est une transition importante vers l'Avent, institué en 1925 pour fonctionner de manière contre-culturelle contre la sécularisation du monde moderne.

Ces deux célébrations, la Toussaint et le Règne du Christ-Roi, représentent les commémorations finales de la saison après la Pentecôte. Les saints de Dieu seront finalement réunis en ce dernier jour, rassemblés en tant que rachetés du Seigneur, et Christ notre Seigneur régnera en tant que Roi. Selon les Écritures, Christ reviendra et achèvera l'œuvre qu'il a commencée sur la Croix, pour juger le monde et sauver les siens. La Toussaint ne sera plus une idée mais une société visible, et la fête du Christ-Roi appartiendra au jour où Christ régnera souverainement.

LE BUT DE LA VIE SPIRITUELLE : DEVENIR COMME JÉSUS-CHRIST

Cet aperçu de la vie et du ministère de Jésus reflète le rythme cardiaque du Nouveau Testament en matière de formation spirituelle. Le but de la vie spirituelle, et le centre de la maturité chrétienne, est de devenir comme Jésus-Christ, de refléter dans nos vies qui il est, ce qu'il a fait, et ce qu'est sa volonté aujourd'hui (Rom. 6:4-12 ; 8:29 ; 2 Cor. 3:17-18 ; 1 Jn 2:6 ; 3:1-3 ; Ph. 2:5-11 ; 3:20-21). L'Église, et chacun de ses membres, est destinée à partager le trône même de Dieu avec son Seigneur, qui a l'intention de nous conformer à son image afin que nous puissions partager sa gloire et régner avec lui. Son œuvre sera de nous rendre semblables à lui, de nous conformer à sa propre gloire et à sa beauté (Matt. 11:27-30 : « Venez à moi, vous tous qui êtes fatigués et chargés, et je vous donnerai du repos. 29 Prenez mon joug sur vous et apprenez de moi, car je suis doux et humble de cœur, et vous trouverez du repos pour vos âmes. 30 Car mon joug est doux, et mon fardeau est léger. »)

En vérité, l'Année ecclésiastique nous permet de suivre les pas du Nazaréen depuis la promesse de sa première venue jusqu'à l'espoir de son retour, en passant par tous les épisodes de sa grande manifestation. Je ne pouvais guère savoir la plénitude et la puissance de mon identification à Christ qui a commencé le jour où je me suis tenu nerveusement devant le ministre pour recevoir le baptême. Ce jour m'a lancé dans une aventure quotidienne et stimulante, celle d'apprendre le chemin du Christ en participant à sa volonté et à son chemin à travers les récits, les messes, les observances, les prières, les liturgies et les commémorations de l'année ecclésiastique. Christ n'est pas seulement notre Sauveur, il est notre vie (Col. 3:4).

Cette identification et ce lien étroits avec Christ peuvent nous permettre de partager – dans nos vies personnelles, nos familles, nos congrégations et nos traditions – un cheminement et un pèlerinage spirituels, une direction et une aventure, une espérance et un avenir. C'est pourquoi l'Année ecclésiastique est et restera une dimension intégrale de l'identité et de la vie commune de l'Église, c'est-à-dire de nos racines sacrées. Grâce à elle, l'ancienne Église indivise incorporait les nouveaux convertis et les pénitents dans le corps même du Christ, et pas seulement comme une profession hâtive qui servait essentiellement d'assurance contre la colère de la Géhenne. Le but était de se rattacher à Christ et à son peuple, et non pas simplement d'échapper au jugement de l'enfer.

Plus encore, devenir chrétien était un appel à s'identifier au Nazaréen au point que les événements de sa vie, dans toute leur richesse et leur mystère, deviennent en quelque sorte les nôtres, par la foi. Tel est le sens de l'Année ecclésiastique pour la formation spirituelle. Bien sûr, en suivant les événements de Jésus tout au long de l'année, nous partageons les mêmes observances, lectures et messes. Mais, bien plus encore, nous participons à la même vie, l'unique vie qui, seule, est venue au monde sur l'ordre du Père, et qui est maintenant le modèle de tout désir et de toute joie spirituelle authentique.

Remercions Dieu pour le sacrement du baptême, car c'est en lui que nous reconnaissons notre identification pleine et entière avec la personne du Christ. Grâce à l'Année ecclésiastique, je peux maintenant renouveler, affirmer et apprécier chaque jour de ma vie l'identification que j'ai faite au baptême.

Christ, sois mon Sauveur ; Christ, sois ma vie.

sacred · roots

CHAPITRE 9

APPEL À L'AVENTURE

Redécouvrir les racines sacrées pratiquement dans nos familles, nos églises et nos ministères

Dans son livre utile et fascinant sur l'Année de l'Église, Vicki Black parle de son fils Benjamin qui, à l'âge d'à peu près quatre ans, a reçu un jeu de Spirographes lors d'une fête d'anniversaire. Ce jouet de la vieille école a une logique simple : lorsque vous tracez les tourbillons, les ellipses et les spirales réalisés à l'aide des différentes roues en plastique du jeu, en les faisant tourner et tourner encore et encore à l'intérieur des roues, vous créez des dessins époustouflants sur le papier. Mme Black affirme que « *la clé est le nombre de répétitions : plus il tourne autour de la roue, plus l'image qu'il crée est complexe et tridimensionnelle.* »

Elle relie ensuite la répétition de Benjamin à la puissance de l'année ecclésiastique,[10] qui consiste à vivre l'histoire de Dieu à travers nos racines sacrées dans le contexte de notre culte et de notre dévotion :

> *Il en va de même pour l'Année ecclésiastique. Chaque année, nous parcourons les saisons, de l'Avent à la Saison après la Pentecôte, et à chaque répétition, leur signification devient plus élaborée, plus riche, plus profonde, plus subtile et plus complexe. Parfois, une saison particulière se distinguera pour nous au cours d'une année donnée et son message prendra une nouvelle signification, tandis que nous en traverserons une autre presque sans nous en rendre compte. La répétition est la clé de*

---

[10]Vicki K. Black. *Welcome to the Church Year*. Harrisburg, PA: Morehouse Publishing, 2004, pp.

leur don de grâce dans nos vies. **Comme les couches d'ellipses simples du spirographe qui se combinent pour former des spirales complexes, le cycle de répétition et de chevauchement des fêtes et des jeûnes de l'année ecclésiastique crée des modèles de sens dans nos vies, qui donnent une forme et une direction aux événements qui marquent nos jours.** *(mon accentuation en gras)*

Tout ce que j'ai argumenté au sujet des Racines Sacrées exige que, en tant que disciples du Christ qui vivent la vie baptisée, nous fassions de l'Histoire de Dieu notre propre histoire dans chaque aspect de notre vie, de notre conduite, de notre culte et de nos relations. L'histoire de Dieu n'est pas un concept théologique abstrait, ni une étrange répétition nostalgique de rituels du passé. L'histoire de Dieu est fraîche ; c'est une vision dynamique et intégrée du monde du point de vue de Dieu, pour ainsi dire, tel qu'il le raconte dans les Saintes Écritures. Notre vie quotidienne est censée être un prolongement de cette aventure vivante, et le salut est un appel à entrer dans cette aventure, à communier par la foi avec Dieu qui, par sa parole, a généré notre espérance, et à retracer les étapes de sa promesse sacrée depuis le jardin d'Eden jusqu'à son accomplissement dans la Nouvelle Jérusalem. Nos familles, nos congrégations et nos ministères sont l'aboutissement de cette histoire, et par notre culte et nos œuvres, nous nous rappelons qui nous sommes, en marquant le temps selon les actions salvifiques de Dieu en Christ, et en confessant notre rôle et notre identité au sein de la grande communauté de l'Église mondiale qui est animée par cette même espérance. L'histoire de Dieu est notre fondement solide, notre ancre et notre gage, notre vision et notre espoir.

Dans ce chapitre, je veux suggérer quelques moyens pratiques de répondre à l'appel de Dieu à l'aventure à travers son histoire, et proposer quelques outils et approches pratiques que vous pouvez utiliser pour commencer à dessiner de nouveaux modes de vie, comme Benjamin, non pas sur le papier au moyen d'un spirographe, mais par la foi, en modelant nos racines sacrées dans une nouvelle identité informée et soutenue par la vision du royaume et par le drame qui se déroule dans la Bible.

REDÉFINIR LA SPIRITUALITÉ COMME CULTE ET VIE COMMUNE DU PEUPLE DE DIEU

Notre première étape pour être façonnés par une vision de nos *racines sacrées* est de redéfinir pour nous-mêmes, à la lumière du drame de la Bible, ce que signifie être vraiment spirituel devant le Seigneur. En essayant de comprendre comment notre spiritualité peut être ordonnée par la connaissance de nos *racines sacrées*, nous devons garder à l'esprit que l'histoire de Jésus de Nazareth, son incarnation et sa vie, sa mort, son enterrement et sa résurrection sont le cœur, la source et le fondement de la vie chrétienne, le point culminant de l'histoire de Dieu et la substance de l'année chrétienne. L'événement christique (c.-à-d. les événements qui entourent la manifestation du Fils de Dieu dans le monde) n'est pas un événement isolé, figé dans un moment historique particulier, que l'on comprend une fois pour ensuite le rejeter comme un cours obligatoire dans un programme universitaire. Au contraire, l'événement christique – les grandes lignes de l'histoire de Jésus témoignées par les Apôtres et dont l'Église se rappelle dans sa théologie, son culte, son discipulat et ses missions – est le *summum bonum* de la vie ou, comme le dit Webber, la narration même de Dieu pour le monde. Dans l'histoire de Jésus, nous trouvons le vrai sens de la vie, la véritable source du bien, le cœur de ce que Dieu fait dans le monde et le plan de l'avenir de l'humanité. L'Église se concentre sur Christ car, comme le dit Paul, Christ est notre vie (Col. 3:4).

Bien sûr, il faut admettre que les épisodes particuliers qui composent l'événement du Christ se sont produits à un moment et à un endroit précis de l'histoire (ex. sa naissance, ses miracles, sa mort, etc.). Mais comme la révélation du Christ dans le monde est aussi un événement d'importance éternelle, il transcende les détails du temps et de l'espace et se rapporte à tout les temps – il remonte jusqu'au but de la création et va jusqu'à la fin de l'histoire. Maintenant, la question est : où donc pouvons-nous trouver l'Histoire de Dieu, qui culmine en Christ, confessée, rappelée, rejouée et incarnée ? La réponse est simple : dans l'Église ! Robert Webber précise ce point :

> *Bien qu'il existe de nombreuses façons de parler de l'Église, l'une des images les plus significatives de l'Église dans le Nouveau Testament est « le peuple de Dieu » (voir Rom. 9:25-26). Nous, le peuple de l'Église qui sommes nés en Christ,*

sommes les fils et les filles de Dieu en qui le Saint-Esprit demeure. Nous sommes le peuple de l'événement du Christ. L'Église vit maintenant sur la terre entre l'évé-nement historique salvateur de la mort et de la résurrection et la venue future du Christ lorsque la transformation du monde sera achevée. L'Église est chargée de révéler le sens de tous les temps. Le monde ne connaît pas le sens de sa propre histoire, mais l'Église le connaît. Par la discipline de l'année chrétienne, l'Église proclame le sens du temps et de l'histoire du monde.

~ Robert Webber. *Ancient-Future Time.*
Grand Rapids : Baker Books, 2004, p. 26.

Si nous redéfinissons notre spiritualité (c.-à-d. notre identité spirituelle) en termes d'histoire de Dieu, nous, dans l'assemblée locale, pouvons nous concen-trer sur l'événement du Christ, et centrer notre spiritualité commune sur cette histoire à travers l'année ecclésiastique. Dans notre prédication de la Parole, notre célébration du Repas du Seigneur, notre éducation chrétienne, nos cours d'adhésion, nos ministères en petits groupes, et même dans nos activités de bienfaisance, nous nous concentrons sur notre place dans l'histoire de Dieu. Un tel recentrage nous permet de réorienter nos intérêts spirituels de simples pré-occupations privées vers une allégeance plus large : notre participation à l'Église dans l'espérance du Christ. Nous pouvons redéfinir notre spiritualité et passer d'un parcours individuel isolé à un *sacerdoce royal*, exprimé dans la communauté messianique.

En effet, une fois que nous réalisons que nous sommes nous-mêmes la conti-nuation de l'histoire de Dieu par la foi en Jésus-Christ, nous pouvons réaffirmer notre compréhension de notre relation avec Dieu comme la demeure de Dieu, le Temple du Seigneur (1 Cor. 3:16-17 ; 6:19-20 ; Eph. 2:19-22). Lorsque nous nous réunissons en assemblée joyeuse pour raconter et rejouer l'histoire de Dieu à travers notre prédication et la Sainte Cène, nous réaffirmons que notre ras-semblement est le cœur de la spiritualité biblique, et nous imitons la passion de l'Église primitive pour la constance dans le rassemblement.

Une telle vision permettra de limiter la vague de validité du christianisme « sans église ». Sans l'assemblée réunie dans le culte et la prière, dans la confession de la vérité et la prédication de la Parole, et la célébration de l'Eucharistie (la Cène), l'Histoire est éclipsée et nos préoccupations personnelles et privées peuvent facilement prendre la place du contexte plus large de nos vies – l'œuvre salvifique de Dieu en Christ par l'Esprit pour sa création. Ce n'est que dans l'Église que ce message est compris, défendu et proclamé. Ce n'est qu'à travers l'Église qu'il peut être apprécié, clarifié et affirmé. L'histoire de Dieu nous appelle à une foi communautaire dans le corps, et non à une foi isolée.

RE-DÉCOUVRIR LA VISION INTÉGRANTE ET LE POUVOIR DE L'HISTOIRE DE DIEU POUR LA FORMATION SPIRITUELLE

Le moyen le plus pratique de redécouvrir le pouvoir de l'histoire de Dieu est peut-être de réapprendre le pouvoir du rythme spirituel : un marquage du temps qui est avant tout fondé sur une vie orientée vers un but, une vie pleine d'espoir. L'histoire de Dieu indique que nous ne devons pas percevoir la vie comme une contrainte, un fardeau ou une denrée rare qui nous échappe. Au contraire, en tant que participants au drame cosmique de la Bible, nos vies ont du sens lorsque nous faisons l'expérience de la vie en rythme, le genre de rythme qui peut nous libérer de ce temps tyrannique, harassant et nerveux pour nous permettre d'avoir une vision intégrée de la vie ancrée dans un drame dont Dieu tout-puissant est l'acteur principal. Mais quel est ce rythme, cette façon de marquer le temps qui nous permet d'être façonnés par des choses vraiment durables et réellement importantes ?

Je suis convaincu que ce sont les saisons de l'année ecclésiastique. Cette focalisation sur Christ, ce cheminement personnel et communautaire ancré dans l'Écriture – nous permet de développer nos identités bibliques dans une spiritualité commune qui affirme notre espérance bénie, notre vision partagée et notre appel unique. À travers l'Année liturgique, nous vivons et transformons littéralement nos jours de calendrier, notre temps chronologique (en grec, *chronos*) en notre temps sacré (en grec, *kairos*). Par la foi, nous confessons que Dieu en Christ représente la révélation du mystère de Dieu dans notre sphère, et nous confessons qu'en participant à son histoire, nous parvenons à comprendre le dessein même de l'univers et ainsi le dessein de nos vies.

Le fait de mettre en place un calendrier sacré pour l'œuvre salvifique de Dieu n'a pas commencé avec nous ; il a plutôt pris naissance dans l'observance spirituelle commune de la pratique divinement mandatée de l'année sacrée juive et de la pratique de l'Église primitive. Dans leurs fêtes et festivals, dans leurs observances et célébrations, dans leur théologie et leur pratique, ils cherchaient à mettre en évidence dans leur vie le *drame cosmique de la rédemption*. Lors du sabbat hebdomadaire et de la Pâque, de la fête des pains sans levain et du jour des expiations, ainsi que de la fête des Tabernacles, les Juifs racontaient et reconstituaient dans leurs observances les *actes puissants de la révélation et du salut de Dieu* au sein l'histoire de son peuple. L'Église primitive, en concevant et en fixant un calendrier basé sur les événements clés de la vie de notre Seigneur, faisait de même. Du culte du dimanche, « jour du Seigneur », à la Cène, en passant par le cycle Carême-Pâques-Pentecôte, et enfin par le cycle Avent-Noël-Epiphanie, l'Église primitive, par ses célébrations, a *renforcé le rôle de Jésus de Nazareth dans le monde en tant que révélation finale et complète de Dieu et de sa volonté pour la création.*

En vérité, que ce soit dans le cadre de la commémoration par Israël des actes de Dieu lors de la création et de l'Exode, ou dans celui de l'Église primitive centrée sur l'incarnation et la résurrection, là où le peuple de Dieu se rassemblait, il se souvenait de nos racines communes et embrassait l'identité qui en découlait. Que ce soit en Israël ou dans l'ancienne Église indivise, leurs célébrations font ressortir les leçons des actes salvateurs de Dieu dans l'histoire, et plus particulièrement dans l'Église, les grâces mêmes de la vie et de la personne de Jésus-Christ. Ces points focaux servaient à approfondir leur affection et leur dévotion par des célébrations et des actions disciplinées. En tant que chrétiens, les observances de l'année liturgique nous enracinent dans la foi chrétienne ancienne qui a vu toutes choses s'accomplir en la personne de Jésus de Nazareth. Elles nous relient au mouvement chrétien mondial, à des centaines de millions d'autres croyants qui continuent d'être façonnés par l'histoire de Dieu culminant en Christ, et dont les vies sont façonnées par leur désir ardent du retour de notre Seigneur et Sauveur Jésus-Christ.

EXPRIMEZ PRATIQUEMENT VOTRE ALLÉGEANCE À L'HISTOIRE DE DIEU À TRAVERS LA LITURGIE ET L'ANNÉE ECCLÉSIASTIQUE

Notre liturgie et l'année ecclésiastique nous permettent de marquer le temps selon ses modes quotidien, hebdomadaire, mensuel, saisonnier et annuel. Nous reconnaissons que le Seigneur Jésus-Christ est la source de notre vie spirituelle et de notre édification. L'Année ecclésiastique, en soi, ne contient aucun pouvoir spirituel ni aucune grâce pour nous. Au contraire, notre source de force et de vie est toujours *le Christ vivant*, et l'année est *un moyen de rendre ce lien réel*. Dans notre culte, nous chantons et proclamons l'œuvre de Dieu dans la création, la rédemption et la récréation, le tout centré sur la personne du Christ. Au cours de l'année ecclésiastique, nous marchons ensemble en pèlerinage spirituel à travers la vie du Christ, qui est au cœur de l'histoire biblique de Dieu en Christ. Ni notre culte ni notre formation spirituelle ne doivent être associés à une expérience mystique, une théologie philosophique ou une érudition liturgique. Au contraire, suivre les événements de la vie de Jésus est un moyen de fixer notre affection sur les choses d'en haut dans le cycle et le contexte naturels de notre emploi du temps et de nos journées.

Marquer le temps nous permet à tous de partager le même parcours, de lire les mêmes textes, de méditer sur les mêmes thèmes, d'être ancrés dans un terrain commun et de nous asseoir à la même table. À partir de notre assemblée réunie, nous pouvons organiser notre culte autour du but de Dieu de racheter sa création. À travers les saisons de l'année ecclésiastique, nous affirmons que Jésus est l'agneau régnant, notre *Christus Victor* dans le monde d'aujourd'hui. Que ce soit dans la liturgie ou dans notre pratique de l'Année ecclésiastique, nous nous concentrons sur la nature de *la rédemption centrée sur Jésus*, en cherchant à incorporer dans nos principales célébrations la victoire vivante du Christ aujourd'hui.

Je crois que nous pouvons offrir des soins pastoraux par le biais de notre service de culte et former des disciples grâce à notre « *ordre de service* » (*liturgie*). Lorsque nous concentrons nos chants, notre proclamation et notre reconstitution (la Cène) de l'œuvre de Dieu en Christ, nous pouvons aider tous les membres de notre communauté à apprendre à participer et à croître dans la foi biblique que nous partageons. Cette pratique spirituelle commune, cette « spiritualité partagée », peut renforcer dans toute notre communauté le contenu de l'Évangile et nous permettre d'être façonnés par des habitudes de dévotion familières et partagées. A tous les niveaux de notre communauté – enfants, adolescents, adultes et personnes âgées – nous pouvons encourager chaque famille, petit groupe et congrégation à exprimer de manière créative leur dévotion à Dieu dans le contexte de nos célébrations, disciplines et pratiques spirituelles communes.

Alors que vous cherchez à exprimer nos *racines sacrées* dans votre famille et votre congrégation, commencez simplement et à petite échelle. Développez et utilisez un modèle simple pour évaluer les ressources et les pratiques. Posez-vous des questions pratiques lorsque vous essayez de mettre l'histoire en évidence dans votre culte, votre éducation chrétienne, vos activités de discipulation et votre propagation de l'Évangile :

- Sommes-nous clairs sur cet événement et sa relation avec l'Histoire ? Est-ce qu'il se traduit bien à travers tous les groupes d'âge et toutes les structures de notre communion ?

- Comment cette pratique/ressource reconstitue-t-elle ou rappelle-t-elle cet événement de la vie et du ministère de Jésus ? Comment pouvons-nous mieux relier son message à l'histoire biblique ?

- Cette pratique/ressource est-elle efficace pour communiquer Christ d'une manière réelle avec les divers groupes de notre congrégation ?

- Comment pourrions-nous améliorer cette pratique/ressource pour obtenir un impact maximal sur les efforts visant à aider les autres à connaître Christ et à le faire connaître lors de cette célébration ou commémoration ?

PLANIFIEZ LE CALENDRIER SPIRITUEL DE VOTRE ÉGLISE BASÉ SUR L'HISTOIRE DE DIEU ET L'ANNÉE ECCLÉSIASTIQUE

L'histoire de Dieu et l'année ecclésiastique unifient toutes nos vies autour d'une seule idée et d'un seul thème – la personne et l'œuvre de Dieu en Jésus-Christ. L'un de ses avantages les plus utiles est que les prédicateurs, les enseignants et les éducateurs chrétiens ont tous la possibilité de raccorder leurs ministères et leurs événements de formation autour de textes, de thèmes, de célébrations et de services communs. Les pasteurs peuvent organiser l'ensemble de leur calendrier annuel de prédication en s'inspirant du Lectionnaire commun révisé, mais sans être contrôlés par ce dernier. Les cours de l'école du dimanche peuvent coïncider avec les thèmes des sermons, et les groupes de jeunes, les petits groupes et même les relations avec les disciples peuvent tous être ancrés dans des textes et des principes similaires. Chaque aspect de la vie de l'Église, de la communion, du service et du témoignage peut être saturé par les grands thèmes de l'œuvre du Christ dans le monde, et nos priorités hebdomadaires, mensuelles et saisonnières peuvent toutes s'harmoniser d'une manière que la formation traditionnelle de l'Église basée sur des séries ne peut jamais faire. (Pour des ressources sur la façon d'organiser l'ensemble de votre calendrier d'église, l'éducation chrétienne, le calendrier des prédications et les exercices de formation spirituelle dans un seul calendrier, visitez notre site Web, *www.tumi.org/sacredroots* pour plus d'informations).

Soyons clairs sur le rôle de la préparation et de la formation spirituelle en ce qui concerne l'Année ecclésiastique. En fin de compte, nos efforts pour façonner notre éducation chrétienne, notre culte, notre formation spirituelle et nos projets de mission autour de l'Histoire exigeront une nouvelle redécouverte et expérience de notre liberté en Christ. Les Apôtres n'ont pas enseigné dans leurs écrits que nous devons utiliser le calendrier chrétien, le lectionnaire, les observances spéciales, ou quoi que ce soit de ce genre. Ce qu'ils ont exigé, et qui doit continuer à nous influencer, c'est que nous soyons conformes à l'image du Christ, celui avec qui nous sommes identifiés au baptême, et celui avec qui nous régnerons dans l'âge à venir (Rom. 8:29 ; 1 Jean 3:2 ; 2 Cor. 3:18 ; Phil. 3:4-15, etc.). Nous ne sommes pas appelés à être ritualisés et formalisés sans cœur ni vision. Nous sommes appelés à suivre notre Seigneur comme notre vie, personnellement et collectivement, de tout nos cœurs et de toutes nos âmes, et à ne pas être légalistes dans notre approche de discipulat. Christ est notre vie (Col. 3:4), c'est pourquoi nous abandonnons tout le reste comme des déchets pour la valeur insurpassable de sa connaissance, la puissance de sa résurrection, la communion de ses souffrances, et notre espoir d'atteindre la résurrection des morts (Phil. 3:8-11). La vision de Paul doit devenir notre vision personnelle, et notre vision collective, notre vision d'église, et notre vision de vie commune.

Les ressources de nos racines sacrées vous permettent de profiter de votre liberté en Jésus pour trouver des moyens nouveaux, passionnants et inspirants de faire vivre l'Histoire de Dieu dans tous les domaines de votre église. Faites de l'Histoire la préoccupation majeure, la grande idée, le cœur et l'âme de votre vie communautaire, et encouragez les individus et les familles à expérimenter en observant avec discipline l'Année ecclésiastique. Permettez à chacun d'apprendre, de participer et de grandir en intégrant de plus en plus l'histoire dans sa vie personnelle. Ne tenez rien pour acquis ; faites vos devoirs et comprenez chaque observance aussi profondément que possible.

APPRENEZ À MARCHER SEUL ET ENSEMBLE : EXPÉRIMENTEZ DES PRATIQUES DE DÉVOTION PERSONNELLES, PARTAGÉES EN FAMILLE, EN PETITS GROUPES ET EN CONGRÉGATION

L'Histoire de Dieu est racontée chaque année à travers le récit de la vie du Christ vécu et proclamé au cours de l'année ecclésiastique. Nos racines sacrées peuvent nous aider à recouvrer nos dévotions individuelles et nos autels familiaux dans le contexte de la *spiritualité commune de toute l'assemblée réunie*.

Étant donné que tous les croyants, où qu'ils soient, vivent dans l'espérance de l'histoire unique, vraie et cosmique de Dieu en Christ, nous pouvons encourager chaque chrétien et chaque famille à développer les disciplines de leur vie spirituelle à travers le *modèle de spiritualité « seul-ensemble »*. Si vous vous souvenez bien, le peuple de Dieu avait reçu l'ordre de se rendre à Jérusalem trois fois par an pour une assemblée et une convocation solennelles, pour se souvenir des œuvres de délivrance et de bénédiction de Dieu, et pour l'adorer pour sa merveilleuse bonté souveraine. Lorsque les familles et les individus célébraient la Pâque, ils le faisaient dans des maisons privées, mais abattaient et mangeaient la Pâque le même soir, de la même manière (Lév. 23). Bien que les familles célébraient la Pâque dans leur propre foyer, elles le faisaient simultanément ensemble en tant que nation. D'où l'expression « seul-ensemble ».

Alors que nous utilisons l'Année ecclésiastique pour reconnecter nos vies spirituelles ensemble dans nos familles et nos congrégations, nous devons continuer à mettre au défi chaque chrétien, et chaque famille chrétienne, de marcher avec Dieu par l'Esprit, de le chercher dans ses expressions individuelles de dévotion en suivant la direction qu'il donne dans sa Parole et par l'Esprit. Cependant, nous devons aussi nous efforcer d'intégrer nos efforts et nos pratiques, en venant partager joyeusement le cheminement du Christ ensemble dans nos églises à travers l'Année ecclésiastique et sa focalisation sur la personne et l'œuvre du Christ.

Par exemple, pendant le Carême, nous pouvons tous lire ensemble les Écritures du lectionnaire (textes lus par des centaines de milliers de congrégations) et encourager tous les membres de nos églises – notre chaire, nos écoles du dimanche, notre éducation chrétienne, nos petits groupes et même nos ministères de propagation – à adopter une approche similaire. Plus nous nous concentrons sur *l'expérience simultanée et l'accent commun* sur les Écritures dans nos messages prêchés, et sur notre focalisation thématique à tous les niveaux (des classes de maternelle aux personnes âgées), plus nous en venons à partager les mêmes textes, méditations, passions, prières et désirs. *Plus nous nous concentrons sur les mêmes épisodes de la vie du Christ, le même enseignement, la même espérance, plus nous commençons à assurer une vie commune* et, à travers cette vie, une marche et un cheminement communs.

Une telle approche nous donnera la discipline nécessaire pour refuser de définir la spiritualité authentique sous des formes « sans église ». Lorsque toute notre assemblée se concentre sur les mêmes thèmes, textes, histoires et vérités, l'Esprit peut plus facilement nous souder en une communauté intégrée et cohérente qui cherche le visage du Christ alors que nous le suivons ensemble par la foi dans un pèlerinage spirituel partagé. Nous ne serons plus inondés et bombardés de dizaines de messages dans tous les secteurs de notre communauté ecclésiale, sans aucun moyen de rassembler les voix désespérément discordantes parmi nous. Au contraire, nous en viendrons à marcher ensemble de la même manière ; nous pourrons être informés par les mêmes vérités, émus par les mêmes histoires, partageant le même cheminement spirituel. Tout cela est possible si nous marchons ensemble dans une spiritualité partagée, et si nous suivons l'histoire de Dieu en redécouvrant ensemble nos racines sacrées.

STIMULER DES EXPRESSIONS RENOUVELÉES DE L'HISTOIRE DE DIEU DANS CHAQUE DIMENSION DE LA VIE DE L'ÉGLISE

L'Église est nécessairement vécue de manière dimensionnelle : des amitiés personnelles, des petits groupes de disciples et de soutien, des grands groupes de rassemblement et de culte, et des relations inter-églises entre congrégations partageant une affinité et une identité mutuelles. La redécouverte de nos racines sacrées nous permet de revigorer chaque dimension de notre vie ecclésiale en reconnaissant notre histoire commune en Christ. À tous les niveaux de l'Église, cherchez à intégrer vos vies ensemble autour de l'histoire de Dieu :

- Incitez les chrétiens à renouveler leurs amitiés sur la base de cette revalorisation de notre amour, de notre identité et de notre mission partagés découlant de notre unité en Christ.

- Encouragez tous les membres de vos réseaux de petits groupes à obéir aux commandements explicites « les uns les autres » du Nouveau Testament (ex. s'aimer les uns les autres, avoir le cœur tendre et se pardonner les uns les autres, s'honorer les uns les autres, etc.), en pratiquant une véritable communion chrétienne sous une autorité pastorale aimante.

- Réveillez votre passion pour une unité visible dans votre congrégation en observant ensemble les saisons de l'année ecclésiastique. Développez un calendrier spirituel commun, en planifiant à l'avance la réalisation de projets et d'événements communs de formation et d'enrichissement spirituels. Lisez et étudiez les Écritures ensemble en utilisant le Lectionnaire commun révisé, mémorisez les Écritures ensemble, profitez de retraites communes et de célébrations spéciales en réfléchissant aux diverses fêtes et célébrations de l'année ecclésiastique.

Et, en toutes choses, cherchez à être créatifs dans votre unité ! Apprenez ou écrivez de nouveaux chants de louange pour les saisons, élaborez des services spéciaux de commémoration et de louange, intégrez l'expression artistique et la danse dans vos services, jeûnez et faites des retraites ensemble, et développez des moyens spécifiques pour exprimer votre unité tout au long de votre observance de ces saisons.

• Trouvez des moyens pratiques de faire preuve d'hospitalité, de générosité et de vous engager dans des projets de service en rapport avec vos célébrations et inspirations de l'Année de l'Église au sein de votre corps et de votre communauté.

• Découvrez dans le Seigneur de nouvelles façons de lier l'évangélisation personnelle, les actions communautaires et d'autres activités missionnaires aux thèmes et pratiques associés à l'année ecclésiastique et à votre célébration de l'Histoire. Efforcez-vous de relier chaque forme de votre sensibilisation à votre engagement et à votre témoignage en faveur de l'Histoire et de nos racines sacrées

RÉINTÉGRER LA TRADITION PIEUSE COMME MOYEN DE DÉMONTRER LA VIE DANS LE ROYAUME « DÉJÀ/PAS ENCORE »

L'histoire de Dieu est directement liée à l'histoire de notre Église et aux histoires de nos vies. Cependant, comme beaucoup d'entre nous n'ont jamais été exposés à la puissance de la tradition pieuse, nous devons grandir progressivement pour comprendre le rôle de la discipline et de la structure dans le développement de la spiritualité collective. Nous devons nous donner le temps d'apprendre de l'exemple de Dieu et de son peuple alors qu'il a établi pour eux un moyen de s'approcher de lui (Exode-Deutéronome). Nous pouvons apprendre beaucoup de l'accent mis par l'Église primitive sur la participation de la communauté à la préparation des nouveaux convertis au baptême (*catéchuménat*). L'Église primitive accordait une grande importance à l'accueil des nouveaux convertis dans l'assemblée des croyants, établissant un programme rigoureux et stimulant pour préparer les candidats au baptême à leur nouveau parcours au sein de l'Église en tant que disciples centrés sur Christ. Au sens propre, redécouvrir nos *racines sacrées*, c'est apprendre à restaurer la foi orthodoxe historique comme le noyau de notre *identité* vécue dans la vie et la gouvernance continues de l'Église.

Réapprenons le rôle que la tradition pieuse peut jouer dans notre discipulat en Christ, et dans la multiplication de l'Evangile. Reconnaissons l'utilité de la tradition pieuse, et la futilité et le mal associés à un formalisme sans vie et à une tradition sans substance. Admettons que, en dehors de l'Esprit de Dieu et de sa Parole inspirée, la tradition entrave inévitablement la croissance spirituelle, et peut conduire à la suppression de la Parole et à la superficialité religieuse. Ce n'est que lorsque nous nous efforçons d'être fidèles aux Écritures (la Tradition apostolique) telles que défendues dans les enseignements orthodoxes de l'Église (la Grande Tradition) que nous pouvons atteindre la maturité chrétienne dans notre spiritualité et la productivité dans nos efforts missionnaires.

Notre désir n'est pas simplement de commencer quelque chose de nouveau qui mourra encore bientôt ! Nous ne devons jamais vivre pour le seul plaisir de la tradition. Ce que nous voulons, c'est redécouvrir et refléter l'ancienne foi des Apôtres, pour ainsi dire « craquer à nouveau l'allumette originelle ». Notre objectif ne doit être rien d'autre que de donner à chaque membre de notre communauté les moyens de participer à l'histoire de Dieu en Christ et de la communiquer clairement. Nous désirons voir se réaliser dans nos vies l'espérance de Jean dans l'ouverture de sa première épître :

> *1 Jean 1:1-4 : « Ce qui était dès le commencement, ce que nous avons entendu, ce que nous avons vu de nos yeux, ce que nous avons contemplé et que nos mains ont touché, concernant la parole de vie, - 2car la vie a été manifestée, et nous l'avons vue et nous lui rendons témoignage, et nous vous annonçons la vie éternelle, qui était auprès du Père et qui nous a été manifestée, - 3 ce que nous avons vu et entendu, nous vous l'annonçons, à vous aussi, afin que vous aussi vous soyez en communion avec nous. Or, notre communion est avec le Père et avec son Fils Jésus Christ. 4Et nous écrivons ces choses, afin que notre joie soit parfaite. »*

Cette réalité qu'ils ont vue, contemplée, touchée, et pratiquée de leurs mains – cette Parole de vie – est vivante et présente parmi son peuple dans l'Église. Les Apôtres nous ont déclaré cette réalité pour que nous soyons en communion avec eux, avec le Père et son Fils. Cette communion, ce partage, cette espérance, c'est ce que nous recherchons.

RÉFLEXIONS ET SUGGESTIONS FINALES

Lorsque je repense à mon parcours, il me semble que je suis comme quelqu'un qui, montant l'escalier sombre d'un clocher d'église et essayant de se stabiliser, a essayé d'atteindre la rampe, mais s'est plutôt accroché à la corde de la cloche. À sa grande horreur, il dut alors écouter ce que la grande cloche avait sonné sur lui et non sur lui seul.

~ Karl Barth. *Church Dogmatics*. Foreword.

Je m'identifie à la citation de Barth comme quelqu'un qui essaie d'atteindre une rampe, mais s'accroche plutôt à une corde de cloche ! En redécouvrant l'histoire de Dieu dans l'Écriture et son expression dans la Grande Tradition, je suis mis au défi (forcé !) d'écouter le son de la grande cloche au-dessus de moi, en apprenant des autres comment nous pouvons vivre selon la vision intégrée de Dieu. Si vous souhaitez en savoir plus sur les Racines Sacrées, je vous suggère les choses suivantes qui peuvent vous aider à mieux comprendre ce qui est en jeu dans notre récupération de la Grande Tradition pour nos églises aujourd'hui.

- Lisez ce livre utile et important de mon ami et collègue Don Allsman intitulé *Jesus Cropped from the Picture*, pour vous faire une idée de certaines des questions qui ont donné lieu à notre ignorance de nos racines sacrées dans l'Église.

- Étudiez la série *Ancient Evangelical Future* de Robert Webber, une série merveilleuse de livres délibérément écrits pour aider les églises à s'interroger sur la signification de l'Église ancienne pour la foi d'aujourd'hui.

- Visitez souvent le site web de TUMI (*www.tumi.org/sacredroots*) pour des informations, des discussions et des forums concernant la Grande Tradition, l'Année ecclésiastique, les lectionnaires et la spiritualité commune.

- Faites des recherches sur la tradition de votre propre église, et cherchez à découvrir comment elle exprime son engagement envers l'histoire de Dieu et la défense de la Grande Tradition. Apprenez comment votre propre église et/ou tradition a cherché et continue de chercher à intégrer et à partager son pèlerinage spirituel ensemble.

- Étudiez les racines théologiques de notre foi dans les conseils œcuméniques et le Credo de Nicée, et reliez ces vérités intemporelles à votre vie personnelle, familiale et ecclésiale. L'ouvrage *Classic Christianity* de Thomas Oden est un bon point de départ.

Je prie sincèrement pour que vous puissiez permettre à l'histoire de Dieu en Christ de transformer toutes les dimensions de votre vie spirituelle, alors que vous la réaffirmez dans votre théologie, que vous redécouvrez sa narration dans votre culte, que vous la récupérez dans votre formation spirituelle et que vous la redécouvrez dans votre travail d'évangélisation. L'histoire de Dieu en Christ, racontée dans les Écritures canoniques et défendue dans l'Église, est le grand drame qui fournit, comme le suggère Webber, une « contre-imagination » du monde. C'est ce drame que nous vivons, que nous récitons et rejouons, en racontant chaque jour et chaque semaine l'histoire de l'amour et du sauvetage divins. Le Père est l'auteur du salut pour nous tous ; il l'a accompli dans son Fils et l'a rendu effectif par son Esprit, en formant un peuple qui attend son achèvement final.

Pour ceux d'entre nous qui croient réellement que Jésus de Nazareth est toujours vivant, l'histoire de Dieu et nos racines sacrées dans cette histoire façonnent chaque dimension de notre vie. En tant que véritable histoire de l'univers et de la création, nous cherchons à nous appuyer sur le champion de cette histoire, celui dont l'apôtre Jean a dit qu'il était avec le Père, celui qui s'est manifesté aux apôtres et que nous espérons voir bientôt dans la gloire. Le message de son apparition, la Bonne Nouvelle, fut proclamé au monde entier dans leur génération et, depuis des siècles, il continue d'être raconté dans toutes les nations. Nous l'avons entendu, nous l'avons embrassé et il nous a transformés.

Les racines sacrées ne sont rien d'autre que le fait d'entendre à nouveau cette même histoire, comme si c'était la toute première fois, et de chercher à intégrer l'histoire de l'amour de Dieu en Christ dans chaque partie de notre être — c'est-à-dire de laisser cette histoire nous informer, nous façonner et nous inspirer pour la défendre par nos vies, la partager avec nos voisins et attendre patiemment sa consommation ; elle ne tardera pas.

> *J'aime raconter l'histoire, ce sera mon thème dans la gloire, de raconter la vieille, vieille histoire de Jésus et de son amour. (paroles d'un chant évangélique traduit de l'anglais)*

~ Katherine Hankey, 1866.

CHAPITRE 10

RESSOURCES POUR VIVRE LA VIE

La grande Tradition représente les convictions, les pratiques et les engagements communs reçus des Apôtres, que l'ancienne Église indivise incarnait, chérissait et articulait dès le début. L'essentiel de ces éléments découle d'une compréhension de la théologie biblique, c'est-à-dire du récit des actions de Dieu dans le monde. La foi chrétienne témoigne de l'œuvre de notre Dieu trinitaire et de la révélation de sa gloire et de son dessein à travers la création, la nation d'Israël et par Jésus-Christ. L'Église, en tant que gardienne de cette merveilleuse révélation, a répondu au cours des siècles par la foi et la mission, le culte et l'engagement joyeux. Même si notre pratique a été entachée d'irrégularités et que, bien souvent, nous n'avons pas été capables de rester fidèles à l'histoire biblique, le renouveau et le réveil authentiques exigeront toujours que nous redécouvrions l'œuvre de Dieu en Christ et que nous répondions à cette œuvre avec foi et obéissance. Notre défi sera toujours de réaffirmer notre identité, qui est ancrée dans ces racines, et de trouver des nouvelles manières fidèles de les traduire et de les exprimer au monde.

Le graphique intitulé *L'histoire de Dieu : nos racines* sacrées est un tableau qui montre à la fois le fondement objectif et la pratique subjective de l'histoire de Dieu. Il explique la relation entre l'œuvre souveraine et salvifique de Dieu dans l'histoire, qui culmine en Christ, et la réponse joyeuse de l'Église à cette œuvre dans sa théologie, son culte, sa formation de disciples et sa propagation. Un autre graphique qui aide à définir l'Église en utilisant les critères du Credo de Nicée (c.-à-d. que l'Église est une, sainte, catholique [universelle] et apostolique), c'est celui titré *Il y a un fleuve*. Ce graphique explique comment nous pouvons considérer nos églises comme la continuation de l'Église chrétienne originelle, reflétant visiblement dans nos cultes et services l'unité, la sainteté, la diversité et l'apostolicité de l'Église.

D'autres graphiques sont présentés ici pour vous aider à mieux comprendre comment la théologie de l'Histoire, résumée dans le modèle de *Christus Victor* (Christ, le vainqueur) de son œuvre dans le monde et sur la Croix, peut intégrer votre vie et votre témoignage. N'oubliez pas que le cœur de l'histoire de Dieu est l'œuvre objective que notre Dieu trinitaire a accomplie par la promesse et l'accomplissement de celui qui viendrait payer la peine pour notre péché, détruire les œuvres du diable, restaurer la création de la malédiction et sauver les gens pour la gloire de Dieu. En vérité, l'appel de l'humanité au salut, d'un point de vue chrétien, consiste à appeler les gens à recevoir la grâce souveraine de Dieu, qui a décidé de racheter un peuple pour lui-même. C'est ainsi que nous sommes devenus, par la foi, le peuple de l'histoire.

En tant que rachetés du Seigneur, nous avons été adoptés et régénérés, appelés à l'aventure de la conquête spirituelle dans cette vie, et de la vie éternelle dans la vie suivante. L'Église locale est une assemblée de ce sacerdoce royal (1 Pi. 2:8-9), et se réunit chaque semaine pour confesser, chanter, proclamer, interpréter et incarner cette histoire, à la fois comme peuple de Dieu et comme témoin auprès de ses voisins. Les deux graphiques sur *Christus Victor* (littéralement « Au Christ, la victoire ! ») soulignent cet appel des croyants de la communauté chrétienne à vivre ensemble de manière visible l'Histoire de Dieu, et le dernier article explique la manière dont de nombreuses traditions chrétiennes utilisent le lectionnaire pour remplir annuellement les étapes globales du drame cosmique de la Bible. Il explique comment le lectionnaire fonctionne et comment il peut être utile pour la prédication, l'enseignement et le discipulat.

- L'histoire de Dieu : Nos racines sacrées
- Il y a un fleuve
- Christus Victor : Une vision intégrée de la vie et du témoignage chrétiens
- La théologie du Christus Victor : Un modèle biblique pour l'intégration et le renouvellement de l'Église urbaine
- Partager le drame de la Bible en cours : Le Lectionnaire commun révisé.

L'HISTOIRE DE DIEU : NOS RACINES SACRÉES

Révérend Dr Don L. Davis

L'Alpha et l'Oméga	Christus Victor	Viens, Saint-Esprit	Ta Parole est la Vérité	La Grande Confession	Sa vie en nous	Vivre dans la voie	Né à nouveau pour servir
Toutes les choses ont été créées et existent par la volonté et pour la gloire éternelle du Dieu trinitaire : Père, Fils et Saint-Esprit – Rom. 11:36. L'Éternel Dieu est la source, le soutien et la fin de toutes choses dans les cieux et sur la terre.							
Le déroulement du drame du Dieu trinitaire / L'autorévélation de Dieu dans la création, en Israël et en Christ.				La participation de l'Église au déroulement du drame de Dieu / La fidélité au témoignage apostolique du Christ et de son Royaume			
Le fondement objectif : L'amour souverain de Dieu / La narration par Dieu de son œuvre salvifique en Christ				Le fondement subjectif : le salut par la grâce au moyen de la foi / La réponse joyeuse des rachetés à l'œuvre salvifique de Dieu en Christ			
L'auteur de l'histoire	Le champion de l'histoire	L'interprète de l'histoire	Le témoignage de l'histoire	Le peuple de l'histoire	La reconstitution de l'histoire	L'incarnation de l'histoire	La continuation de l'histoire
Le Père comme le metteur en scène	Jésus comme l'acteur principal	L'Esprit comme le narrateur	L'Écriture comme le scénario	En tant que saints, confesseurs	En tant qu'adorateurs, ministres	En tant que disciples, pèlerins	En tant que serviteurs, ambassadeurs
La vision chrétienne du monde	L'identité collective	L'expérience spirituelle	L'autorité biblique	La théologie orthodoxe	Le culte sacerdotal	Le disciplat au sein de la congrégation	Le témoignage du Royaume
La vision: théiste et trinitaire	La fondation centrée sur Christ	Une communauté inhabitée par l'Esprit et remplie de l'Esprit	Le témoignage canonique et apostolique	L'ancienne affirmation de la foi du Credo	Le rassemblement hebdomadaire en assemblée chrétienne	La formation spirituelle collective et continue	Les agents actifs du règne de Dieu
La volonté souveraine	La représentation messianique	Le réconfort divin	Le témoignage inspiré	Le récit véridique	Exceller dans la joie	L'inhabitation fidèle	La persuasion par l'espérance
Créateur Le véritable créateur du cosmos	Récapitulation Les types et l'accomplissement de l'Alliance	Donneur de vie La régénération et l'adoption	Inspiration divine La Parole inspirée de Dieu	Confession de foi L'union avec Christ	Chant et célébration La récitation historique	Surveillance pastorale Faire paître le troupeau	Unité explicite L'amour pour les saints
Propriétaire Le Souverain Dispositeur de la Création	Révélateur L'Incarnation du Verbe	Enseignant L'Illuminateur de la Vérité	Histoire sacrée L'enregistrement historique	Baptême en Christ La communion	Homélies et enseignements La proclamation prophétique	Spiritualité partagée Le cheminement commun à travers les disciplines spirituelles	Hospitalité radicale La preuve du règne du Royaume de Dieu
Dirigeant Le contrôleur béni de toutes choses	Rédempteur Le réconciliateur de toutes choses	Aide La dotation et la puissance	Théologie biblique Le commentaire divin	La règle de foi Le Credo des Apôtres et le Credo de Nicée	La Cène du Seigneur La reconstitution théâtrale	Incarnation L'anamnèse et la prolepsie au cours de l'année ecclésiastique	Générosité extravagante Les bonnes œuvres
Gardien de l'alliance Le Prometteur fidèle	Restaurateur Christ, le vainqueur des puissances du mal	Guide La Présence divine et la Shekinah	Nourriture spirituelle Le ravitaillement pour le voyage	Le Canon vincentien L'ubiquité, l'antiquité, l'universalité	Préfiguration eschatologique Le déjà/pas encore	Discipulation efficace La formation spirituelle au sein de l'assemblée des croyants	Le témoignage évangélique Faire des disciples de tous les groupes humains

IL Y A UN FLEUVE:
IDENTIFIER LES COURANTS D'UNE
COMMUNAUTÉ CHRÉTIENNE AUTHENTIQUE REVITALISÉE DANS LA VILLE*

Psaume 46:4 - Il est un fleuve dont les courants réjouissent la cité de Dieu, Le sanctuaire des demeures du Très Haut.

Les affluents de la foi biblique historique authentique			
L'identité biblique reconnue *L'Église est une*	**La spiritualité urbaine revivifiée** *L'Église est sainte*	**La connectivité historique réaffirmée** *L'Église est catholique*	**L'autorité du Royaume recentrée** *L'Église est apostolique*
Un appel à la fidélité biblique Reconnaître les Écritures comme l'ancre et le fondement de la foi et de la pratique chrétiennes.	**Un appel à la liberté, la puissance et la plénitude du Saint-Esprit** Marcher dans la sainteté, la puissance, les dons et la liberté du Saint-Esprit dans le corps du Christ.	**Un appel aux racines historiques et à la continuité** Confesser l'identité historique commune et la continuité de la foi chrétienne authentique.	**Un appel à la foi apostolique** Affirmer la tradition apostolique comme fondement autorisé de l'espérance chrétienne.
Un appel à l'identité du royaume messianique Redécouvrir l'histoire du Messie promis et de son Royaume en Jésus de Nazareth.	**Un appel à vivre, en tant que peuple de Dieu, comme des voyageurs et des étrangers** Définir le discipulat chrétien authentique comme adhésion fidèle au peuple de Dieu.	**Un appel à affirmer et à exprimer la communion mondiale des saints** Exprimer la coopération et la collaboration avec tous les autres croyants, tant au niveau local que mondial.	**Un appel à l'autorité représentative** Se soumettre avec joie aux serviteurs doués de Dieu dans l'Église en tant que sous-bergers de la vraie foi.
Un appel à l'affinité confessionnelle Adopter le Credo de Nicée comme règle de foi commune de l'orthodoxie historique.	**Un appel à la vitalité liturgique, sacramentelle et catéchétique** Vivre la présence de Dieu dans le contexte de la Parole, des sacrements et de l'enseignement.	**Un appel à l'hospitalité radicale et aux bonnes œuvres** Exprimer l'amour du royaume à tous, et en particulier à ceux de la famille de la foi.	**Un appel au témoignage prophétique et holistique** Proclamer Christ et son Royaume en paroles et en actes à nos voisins et à tous les peuples.

* Ce schéma est une reproduction et est basé sur les idées de la déclaration de l'Appel de Chicago de mai 1977, où divers érudits et praticiens évangéliques renommés se sont rencontrés pour discuter de la relation entre l'évangélisme moderne et la foi chrétienne historique.

Révérend Dr Don L. Davis. © 2008. The Urban Ministry Institute.

CHRISTUS VICTOR

Une vision intégrée de la vie et du témoignage chrétiens

Révérend Dr. Don L. Davis

Pour l'Eglise

- L'Eglise est l'extension principale de Jésus dans le monde.
- Le trésor racheté du Christ victorieux et ressuscité.
- Laos : Le peuple de Dieu
- La nouvelle création de Dieu : présence de l'avenir
- Le lieu (locus) et l'agent du Royaume du Déjà/Pas encore.

Pour les dons

- Les dotations et les bénéfices gracieux de Dieu par Christus Victor
- Les fonctions pastorales de l'Eglise
- La distribution souveraine des dons par le Saint-Esprit
- L'intendance : les dons divins et variés pour le bien commun

Pour la théologie et la doctrine

- La Parole de la victoire du Christ qui fait autorité – la Tradition apostolique – les Saintes Écritures
- La théologie comme commentaire du grand récit de Dieu
- Christus Victor comme cadre théologique fondamental du sens dans le monde.
- Le Credo de Nicée : l'histoire de la grâce triomphante de Dieu.

Pour la spiritualité

- La présence et la puissance du Saint-Esprit au sein du peuple de Dieu.
- Partager les disciplines de l'Esprit
- Les rassemblements, le lectionnaire, la liturgie et nos célébrations de l'année ecclésiastique.
- Vivre la vie du Christ ressuscité au rythme de nos vies ordinaires.

Pour le culte

- Peuple de la résurrection : célébration sans fin du peuple de Dieu
- Se souvenir, participer à l'événement du Christ dans notre culte
- Écouter et répondre à la Parole
- Transformés à la Table, la Cène du Seigneur
- La présence du Père à travers le Fils dans l'Esprit

Christus Victor
Destructeur du mal et de la mort
Restaurateur de la création
Vainqueur de l'Hadès et du péché
Écraseur de Satan

Pour l'évangélisation et la mission

- L'évangélisation comme déclaration et démonstration sans honte du Christus Victor au monde.
- L'Evangile comme Bonne Nouvelle de la promesse du Royaume
- Nous proclamons la venue du Royaume de Dieu en la personne de Jésus de Nazareth.
- La Grande Commission : allez chez tous les peuples pour faire des disciples du Christ et de son Royaume
- Proclamer le Christ comme Seigneur et Messie

Pour la justice et la compassion

- Les expressions gracieuses et généreuses de Jésus à travers l'Eglise
- L'Eglise manifeste la vie même du Royaume
- L'Eglise manifeste la vie même du Royaume des cieux, ici et maintenant.
- Ayant reçu gratuitement, nous donnons gratuitement (aucun sens du mérite ou de l'orgueil).
- La justice comme preuve tangible du Royaume à venir

LA THÉOLOGIE DU CHRISTUS VICTOR : UN MODÈLE BIBLIQUE POUR INTÉGRER ET RENOUVELER L'ÉGLISE URBAINE

Révérend Dr. Don L. Davis. ©2007. The Urban Ministry Institute

	Le Messie Promis	Le Verbe fait chair	Le Fils de l'homme	Serviteur souffrant
Cadre biblique	L'espoir d'Israël de recevoir l'oint de Yahvé qui rachèterait son people.	En la personne de Jésus de Nazareth, le Seigneur est venu dans le monde.	En tant que roi promis et divin Fils de l'homme, Jésus révèle au monde la gloire du Père et le salut.	En tant qu'inaugureur du Royaume de Dieu, Jésus démontre la présence du règne de Dieu par ses paroles, ses prodiges et ses œuvres.
Références bibliques	Esaïe 9:6-7 Jérémie 23:5-6 Esaïe 11:1-10	Jean 1:14-18 Matthieu 1:20-23 Philippiens 2:6-8	Matthieu 2:1-11 Nombres 24:17 Luc 1:78-79	Marc 1:14-15 Matthieu 12:25-30 Luc 17:20-21
L'histoire de Jésus	Le Fils unique de Dieu, pré-incarné dans la gloire.	Sa conception par l'Esprit et sa naissance à Marie.	Sa manifestation aux mages et au monde.	Son enseignement, ses exorcismes, ses miracles et ses œuvres puissantes parmi le peuple.
Description	La promesse biblique pour la semence d'Abraham, le prophète comme Moïse, le fils de David.	Par l'Incarnation, Dieu est venu à nous ; Jésus révèle à la race humaine la gloire du Père en plénitude.	En Jésus, Dieu a révélé son salut au monde entier, y compris aux gentils.	En Jésus, le Royaume de Dieu promis est venu visiblement sur la terre, démontrant ainsi qu'il a lié Satan et annulé la malédiction.
Année ecclésiastique	Avent	Noël	Saison après l'Épiphanie Baptême et Transfiguration	Carême
	La venue du Christ	La naissance du Christ	La manifestation du Christ	Le ministère du Christ
La formation spirituelle	En attendant sa venue, proclamons et affirmons l'espérance du Christ.	Ô Verbe fait chair, que tous les cœurs lui préparent une place pour qu'il y demeure.	Divin Fils de l'Homme, révèle aux nations ton salut et ta gloire.	En la personne du Christ, la puissance du règne de Dieu est venue sur la terre et dans l'Église.

L'Agneau de Dieu	Le conquérant victorieux	Le Seigneur régnant dans le ciel	L'Époux et le Roi qui vient
En tant que Grand Prêtre et Agneau pascal, Jésus s'offre à Dieu pour nous comme sacrifice pour le péché.	Par sa résurrection d'entre les morts et son ascension à la droite de Dieu, Jésus est proclamé vainqueur du pouvoir du péché et de la mort.	Régnant désormais à la droite de Dieu jusqu'à ce que ses ennemis soient mis sous ses pieds, Jésus répand ses bienfaits sur son corps.	Bientôt, le Seigneur ressuscité et élevé reviendra pour rassembler son Épouse, l'Église, et achever son œuvre.
2 Corinthiens 5:18-21 Esaïe 52-53 Jean 1:29	Ephésiens 1:16-23 Philippiens 2:5-11 Colossiens 1:15-20	1 Corinthiens 15:25 Ephésiens 4:15-16 Actes 2:32-36	Romains 14:7-9 Apocalypse 5:9-13 1 Thessaloniciens 4:13-18S
Ses souffrances, sa crucifixion, sa mort et son enterrement.	Sa résurrection, suivie de ses apparitions à ses témoins, et son ascension vers le Père.	L'envoi du Saint-Esprit et ses dons, et la session du Christ au ciel à la droite du Père.	Son retour prochain du ciel sur la terre en tant que Seigneur et Christ : la seconde venue.
En tant qu'Agneau parfait de Dieu, Jésus s'offre à Dieu en sacrifice pour le péché du monde entier.	Par sa résurrection et son ascension, Jésus a détruit la mort, désarmé Satan et annulé la malédiction.	Jésus est installé à la droite du Père comme Chef suprême de l'Église, Premier-né d'entre les morts et Seigneur suprême dans le ciel.	Alors que nous travaillons dans son champ de moissons dans le monde, nous attendons le retour du Christ, l'accomplissement de sa promesse.
Semaine Sainte La passion	Pâques Pâques, Ascension, Pentecôte	Saison après la Pentecôte Dimanche de la Trinité	Saison après la Pentecôte Toussaint
Les souffrances et la mort du Christ	La résurrection et l'ascension du Christ	La session céleste du Christ	Le règne du Christ-Roi
Que ceux qui partagent la mort du Seigneur soient ressuscités avec lui.	Participons par la foi à la victoire du Christ sur la puissance du péché, de Satan et de la mort.	Viens, habite en nous, Saint-Esprit, et donne-nous le pouvoir de faire avancer le Royaume du Christ dans le monde.	Nous vivons et travaillons dans l'attente de son retour prochain, en cherchant à lui plaire en toutes choses.

149

PARTAGER LE DÉROULEMENT DU DRAME DE LA BIBLE

Le Lectionnaire commun révisé

Tous nos efforts, ici à TUMI, visent à connecter les chrétiens urbains avec le mouvement chrétien mondial. Des milliers de congrégations utilisent le Lectionnaire commun révisé comme guide biblique, conçu pour la prédication et la lecture publique des Écritures lors du culte du dimanche, en petits groupes ou pour des lectures privées. La liste de lecture de l'année en cours est disponible sur *www.tumi.org/sacredroots*.

POURQUOI DEVONS-NOUS LIRE LA PAROLE DE DIEU AVEC LES CHRÉTIENS URBAINS ?

Le lectionnaire est un programme de lecture de la Bible conçu spécifiquement pour aider les congrégations qui y participent à lire les principales sections et histoires des Écritures sur une période de trois ans. Les années A, B et C font référence aux lectures de l'Évangile selon les évangélistes. L'année A se rapporte à Matthieu, l'année B à Marc et l'année C à l'Évangile de Luc. Au cours de ces années distinctes, les lectures de l'Évangile coïncideront avec ces livres.

La pratique de la lecture des Écritures lors des cultes publics remonte à des pratiques anciennes de l'Église primitive. Cette insistance sur sur la Parole était au cœur de la foi et du culte chrétiens, et la lecture publique des Écritures convenait à une une grande partie de la population qui était analphabète. Aujourd'hui, alors que nos programmes sont de plus en plus chargés et encombrés, il est sage et raisonnable de mettre l'accent sur cette pratique biblique. Les congrégations qui utilisent fidèlement le lectionnaire ne seront pas seulement exposées à l'ensemble de l'histoire biblique une fois tous les trois ans, elles se protégeront également des tendances modernes et postmodernes à n'être attirées que par les portions et sections de l'Écriture qui correspondent à leurs propres vues idiosyncrasiques. Aujourd'hui, nous pouvons facilement ignorer des sections entières de l'Écriture parce que nous pensons qu'elles sont « trop difficiles », « non pertinentes » ou « trop controversées ». Le lectionnaire couvre l'ensemble du contenu de l'Écriture, conformément à la vérité paulinienne selon laquelle «…la foi vient de ce qu'on entend, et ce qu'on entend vient de la parole de Christ. » (Rom. 10:17).

Les chrétiens urbains peuvent bénéficier d'entendre l'histoire racontée encore et encore dans le contexte du culte public. Les nouveaux croyants sont ancrés dans l'histoire biblique essentielle de leur nouvelle foi, et les chrétiens plus anciens se rappellent les fondements solides de la foi qu'ils chérissent depuis des années. Entendre les grands récits, les psaumes, les épîtres et les événements de la Bible dans le contexte du culte nous unit autour de notre foi commune et renforce en nous le sentiment d'être liés à la grande histoire de l'amour fidèle de Dieu pour nous tous en Jésus-Christ. Cette pratique consiste à prendre soin de nos âmes et, en même temps, à partager notre histoire.

L'une des façons les plus pratiques et les plus utiles d'utiliser le lectionnaire est de planifier nos sermons et nos leçons pour l'année. En organisant nos sermons, nos études et nos disciplines autour de ces textes, nous pouvons donner à l'ensemble de l'Église une tablette d'étude partagée, nous permettant de méditer et de grandir ensemble en nous concentrant sur les mêmes portions de la Parole. Par-dessus tout, le partage du lectionnaire établit un lien avec le cheminement spirituel de la communauté chrétienne mondiale. En lisant et en prêchant les mêmes textes partagés par des milliers d'autres congrégations, nous cheminons avec le corps du Christ et affermissons notre lien avec l'Église, définie à Nicée comme étant « une, sainte, catholique et apostolique ». De toutes les façons, l'utilisation du Lectionnaire commun révisé peut renforcer la foi des églises urbaines, en les reliant à leurs congrégations sœurs du monde entier, dans des dizaines de traditions spécifiques qui le suivent également.

LA STRUCTURE DES LECTURES DU LECTIONNAIRE COMMUN RÉVISÉ

Le lectionnaire est conçu pour fonctionner en cycles de trois ans ; l'Évangile de Matthieu constitue la base des lectures de la première année (Année A), l'Évangile de Marc la deuxième année (Année B), et l'Évangile de Luc la troisième année (Année C). L'Évangile de Jean est lu tout au long du lectionnaire à certains moments de chacune des trois années.

Vous pouvez calculer le déroulement des cycles de trois ans ! Par exemple, les lectures de l'année A commencent le premier dimanche de l'Avent (p. ex., en 2007, 2010, 2013, 2016, etc.), et l'année B commence le premier dimanche de l'Avent correspondant, (p. ex., en 2005, 2008, 2011, 2014, etc.). Enfin, les lectures de l'année C commenceront les premiers dimanches de l'Avent suivants (p. ex., en 2006, 2009, 2012, 2015, etc.).

Que ce soit sous sa forme originale ou sous une forme adaptée, un certain nombre de traditions de l'Église utilisent le Lectionnaire commun révisé dans leur culte, leur étude et leur prédication. Par exemple, l'Église catholique romaine utilise l'*Ordo Lectionum Missae*, qui est basé sur ce lectionnaire standard. Une multitude de traditions protestantes utilisent le Lectionnaire commun révisé (LCR) dans leurs sermons et leurs services, avec quelques modifications mineures. Ces traditions comprennent (sans s'y limiter) l'Église presbytérienne des États-Unis, l'Église réformée d'Amérique, l'Église évangélique luthérienne d'Amérique, l'Église luthérienne - Synode du Missouri, les Disciples du Christ, l'Église épiscopale des États-Unis d'Amérique, l'Église unie du Christ et l'Église méthodiste unie. En Grande-Bretagne, le LCR est utilisé par l'Église d'Angleterre, l'Église méthodiste, l'Église réformée unie, l'Église du Pays de Galles, l'Église épiscopale écossaise et l'Église d'Écosse (presbytérienne). Bien que la plupart de ces églises et d'autres églises protestantes adaptent le LCR, des milliers d'églises adoptent cette lecture comme moyen d'ancrer les fidèles dans la véritable Parole de Dieu lors de la lecture et de la prédication publiques.

LIENS VERS LE LECTIONNAIRE

Les sites Web suivants représentent un échantillon de certains des sites Internet les plus utiles offrant des ressources de prédication et de culte pour les églises basées sur les thèmes et les textes bibliques du Lectionnaire commun révisé.

Lectionary.org

http://lectionary.org/
Rassemble un certain nombre de ressources pour aider les pasteurs particulièrement occupés.

Lectionary.com

http://lectionary.com/
Lectures du lectionnaire et idées de sermons

AEF: Robert E. Webber Center for Ancient Evangelical Future

http://aefcenter.org/
Un site important détaillant les idées et les ressources de Robert Webber, sans doute l'une des voix les plus importantes qui appellent l'église évangélique à redécouvrir ses racines sacrées.

CRI Voice Institute

http://www.cresourcei.org/chyear.html
Ressources pour l'année ecclésiastique

Sermon Search

www.sermonsearch.com
Trouvez les sermons d'autres pasteurs en ligne. Frais inclus.

Preaching.com

http://www.preaching.com/
Ressources gratuites pour la prédication

Kir-Shalom

http://www.rockies.net/~spirit/sermons/s-scripturally.php
Ressources pour les sermons et le lectionnaire

Textweek.com

http://www.textweek.com/
Ressources pour la prédication et le lectionnaire

SACRED · ROOTS

ÉPILOGUE

Les racines sacrées, un modèle pour équiper les leaders et habiliter les mouvements d'implantation d'églises

L'HISTOIRE DE L'ÉVANGILE DE DIEU : LE MESSAGE SIMPLE QUE NOUS DEVONS PARTAGER AVEC UN MONDE PERDU

Notre désir d'explorer nos *racines sacrées* est résolument missionnaire. En tant que ministère de World Impact, TUMI se consacre au renforcement des mouvements d'implantation d'églises pour atteindre et transformer les centres-villes américains. Notre passion profonde est de représenter la foi orthodoxe historique, de voir des millions de personnes dans les zones urbaines non atteintes trouver la foi salvifique en Christ. Nous souhaitons qu'ils deviennent de nouveaux membres de la plus grande histoire jamais racontée – l'histoire de l'amour de Dieu en Christ.

Avec le nombre effarant de personnes éloignées du Seigneur dans nos villes, et les efforts anémiques que font de nombreuses églises existantes pour les atteindre, seule la multiplication de milliers de nouvelles églises dynamiques suffira à apporter les gerbes de Dieu aujourd'hui. Aucun mouvement d'implantation d'églises n'aura un impact durable si ses activités et ses structures ne permettent pas aux églises locales dynamiques d'être à la fois le sel et la lumière dans leurs communautés, en démontrant et en faisant progresser le Royaume d'une manière que la communauté indigène peut à la fois comprendre et respecter.

Jésus avait raison en affirmant que son peuple est la lumière du monde et en le décrivant comme une ville située sur une colline qui ne peut être cachée. Tout comme les gens allument des lampes et les mettent sur un support pour éclairer toute la maison, nous, le peuple de Dieu, devons briller comme des lampes au milieu de la ville obscure. Nous devons veiller à ce que nos lumières brillent devant les autres, afin qu'ils voient nos bonnes œuvres et rendent gloire au Père (Matt. 5:14-16). Les communautés chrétiennes, c'est-à-dire les assemblées de croyants dirigées par des bergers pieux et des leaders serviteurs, représentent l'avant-garde du Royaume de Dieu dans la ville aujourd'hui.

Si cette analyse est vraie, alors en fin de compte tous les efforts missionnaires doivent identifier et habiliter des leaders serviteurs pieux parmi les divers peuples non atteints. Ces leaders indigènes seront habilités par l'Esprit à poursuivre l'œuvre, à protéger le troupeau de Dieu que Christ a acheté avec son propre sang. Tel est notre mandat et notre responsabilité.

POURQUOI NOS RACINES SACRÉES FONT PARTIE INTÉGRANTE DES MISSIONS URBAINES AUJOURD'HUI

En réfléchissant à notre rôle en tant que personnes appelées à former des leaders chrétiens urbains, nous tenons à commencer par le commencement. L'histoire de Dieu est antérieure aux missions de toutes sortes, et la défense historique de l'Église en faveur de la vérité de l'Évangile est au cœur de la mission et du discipulat chrétiens. Dès le début de notre travail, nous avons cherché à être en phase avec l'appel et l'habilitation de Dieu et son dessein souverain de combler les besoins de ses serviteurs et de son peuple, et de les habiliter à accomplir sa mission. En tant que personnes engagées dans le *mandat évangélique* de notre foi (c.-à-d. la nécessité de proclamer la Bonne Nouvelle à tous les groupes de personnes qui ne l'ont pas encore entendue), nous soutenons les principes fondamentaux de tout ministère apostolique authentique.

Dieu le Saint-Esprit appelle des hommes et des femmes à franchir les barrières et à annoncer la Bonne Nouvelle aux perdus (Actes 13:1-3). Ces personnes spécialement douées et particulièrement appelées sont des dons du Seigneur pour travailler au nom de son peuple, l'Église. Elles ont été ainsi dotées des dons et de l'appel de l'Esprit, afin qu'elles équipent les saints pour l'œuvre du ministère (Eph. 4:11-12). En outre, ces hommes et femmes appelés par Dieu ne sont pas le fruit de l'ingéniosité ou du travail humain. Ces disciples doués de Jésus, issus de la ville, qui sont chargés de la Bonne Nouvelle en tant qu'ambassadeurs fidèles et ministres de la réconciliation, sont le terreau de la mission. Leur effort et leur appel ne peuvent être remplacés par des astuces et des trucs, et leurs efforts ne peuvent être sous-estimés ou remplacés par aucune technologie, aucun modèle ou aucun effort. Seuls ceux qui sont appelés par Dieu peuvent accomplir les œuvres de Dieu.

Parce que nous croyons si profondément en la capacité du Saint-Esprit à lever des hommes et des femmes qui représentent le Royaume, nous cherchons à équiper des leaders que l'Esprit utilisera pour diriger et entretenir des mouvements dynamiques d'implantation d'églises parmi les pauvres afin d'atteindre les populations non atteintes des centres-villes américains. Sans la foi orthodoxe historique des Apôtres, il n'y aurait littéralement rien à partager. Et, sans l'Esprit qui éveille une nouvelle génération des ouvriers spirituels qualifiés pour porter ce message au fond de nos villes, il n'y aura pas de rédemption ni de transformation au sein de celles-ci.

Notre recherche sur les *racines sacrées* de notre foi est couplée à notre effort continu pour répondre à une question fondamentale : « Que devons-nous précisément partager avec nos amis et voisins de la ville ? Autrement dit, quelles sont les grandes lignes de la foi orthodoxe historique que les Apôtres ont exprimée et qui a bouleversé le monde au premier siècle ? » Il est étonnant que le christianisme se soit répandu dans les coins les plus païens de la société romaine, souvent parmi les personnes les moins susceptibles de le comprendre en raison de leurs racines païennes. Tout cela était accompli sans les technologies et les outils utiles auxquels nous nous sommes habitués. Se peut-il que le Saint-Esprit, qui seul nous donne le pouvoir de témoigner, ait touché la vie d'hommes et de femmes ordinaires avec la vérité de l'Évangile et que, par cette simple histoire, il ait boule-versé l'empire romain sophistiqué et immoral ?

À LA RECHERCHE DE LA GRANDE TRADITION : NOTRE PARCOURS PERSONNEL

Depuis le début, nous tous, ici à TUMI, avons cherché à ancrer notre foi et notre mission sur la personne de Jésus-Christ, pour la gloire de Dieu, sous la direction du Saint-Esprit. Depuis plusieurs années, nous relions la dévotion de notre propre communauté à la vie et au ministère du Christ tels qu'ils sont écrits dans les Écritures. Nous cherchons à comprendre l'histoire de Dieu non seulement comme une entreprise académique, mais aussi comme notre propre foi et pratique spirituelle. Grâce à l'expérience de nos *racines sacrées*, nous sommes profondément façonnés par notre cheminement ensemble en suivant le calendrier de l'année ecclésiastique, avec ses lectionnaires ses messes. Ces expériences merveilleuses et variées, toutes fondées sur notre adoration de Dieu en Christ à travers l'année ecclésiastique, nous prouvent que la vie du Christ peut être vécue à nouveau jour après jour, même par nous les fidèles protestants de la foi biblique. En outre, une adaptation *évangélique* de l'année ecclésiastique peut nous relier plus intimement à Christ dans nos services de culte et dans la pratique commune des disciplines, et nous ancrer à nouveau dans l'histoire biblique de Dieu.

En premier lieu, notre démarche de redécouverte des *racines sacrées* de la foi a transformé notre discipline spirituelle et notre dévotion. Il nous a permis de « pister » les pensées et les sermons de dizaines de milliers d'autres congrégations qui participent à la réflexion sur l'histoire de Dieu dans la vie et l'œuvre de Jésus à travers l'année chrétienne. Partout dans le monde, les grandes traditions de l'Église de Jésus-Christ se font l'écho, dans leur propre vie et leur service, de cette histoire ancienne d'espoir et d'amour contenue dans les événements marquants de la vie du Christ : sa venue promise, sa naissance, sa révélation au monde, son humilité et son service, sa passion et sa mort, sa résurrection, son ascension, sa session et son retour. Le rythme de cette histoire est la substance de notre foi, et nous cherchons, ici à TUMI National, à former chaque leader à être disciple de Jésus, c'est-à-dire un adepte et un expert en ce qui concerne la vie et le ministère du Christ.

En outre, le fait de marcher en communauté à travers l'Histoire nous aide à éviter les insistances tristes et dispersées que l'on trouve aujourd'hui dans certains groupes évangéliques. Nous avons constaté qu'il n'est pas facile de « garder l'essentiel pour l'essentiel », d'éviter les questions arbitraires et accessoires afin d'être toujours plus ancrés dans la foi unique des saints. En tant que ceux dont le culte et la pratique des disciplines sont liés à la vie du Christ racontée à travers l'année ecclésiastique, nous intégrons nos cheminements individuels à cette grande Histoire. Dans toutes nos lectures, nos études et nos méditations, nous rattachons nos vies au récit biblique de l'événement du Christ, et notre engagement dans la Parole à la perspective des textes fournis par le Lectionnaire commun révisé. Cet accent nous conduit à une riche contemplation de Jésus à travers la loupe de chacun des Évangiles (le lectionnaire est conçu pour lire la plupart des Écritures tous les trois ans), et nous garde ouverts aux vastes ressources de dévotion, de sermons et d'enseignement disponibles pour les croyants, qui sont centrées sur Christ et liées à l'année chrétienne.

Nous qui aimons et servons Christ dans la ville, nous pouvons bénéficier du lien puissant de l'histoire associé à nos *racines sacrées* dans la théologie, le culte, la formation spirituelle et la mission. Depuis les tout premiers écrits, nous pouvons voir le rythme de la célébration et du souvenir dont parlaient les Pères, incarné dans l'ancienne Église indivise, et transmis à travers les siècles. Avant l'éclatement des conflits douloureux du catholicisme, de l'orthodoxie, de l'anglicanisme ou du protestantisme, l'ancienne Église indivise centrait sa confession et son culte sur la personne du Christ et cherchait à vivre cette orientation en communauté. Il est certain que des disciplines telles que la formation spirituelle au cours de l'année ecclésiastique ont fait l'objet de nombreux abus régionaux et locaux au Moyen-Âge, pour lesquels de nombreux réformateurs, en réaction aux indulgences de Rome, ont « jeté le bébé avec l'eau du bain ». Néanmoins, un retour à notre amour pour Christ et à notre soif profonde de le connaître et de lui obéir peut renouveler notre intérêt évangélique pour l'histoire et nous rapprocher des anciennes traditions de l'Église, notamment celles qui se sont concentrées avec tant de joie sur l'œuvre victorieuse de Christ, le destructeur du mal et le restaurateur de la création.

La plus grande bénédiction de toutes, pour nous-mêmes et nos étudiants, est peut-être de savoir dans quelle mesure le rattrapage évangélique de *nos racines sacrées* peut être centrée sur Christ pour permettre à nos vies spirituelles et à la mission urbaine de progresser. En revenant à la trame biblique fondamentale qui est à la base du culte et de la mission de l'Église – l'histoire de Jésus – nous pouvons retrouver notre identité et revenir à ce que nous sommes réellement. Nos *racines sacrées* peuvent nous permettre de marcher sur ces rythmes apostoliques et prophétiques originaux avec une joie renouvelée et un rythme vif, des rythmes dont le pouls bat à l'encontre de ceux qui résonnent si fort dans les calendriers civils et dans la société séculaire.

LA SPIRITUALIÉ PARTAGÉE, LA CONTEXTUALISATION CULTURELLE ET LA STANDARDISATION DYNAMIQUE

Alors que nous pensons à l'avenir, nous croyons que la redécouverte de nos *racines sacrées* peut permettre aux leaders chrétiens urbains émergents et à leurs congrégations d'atteindre la maturité et de former de nouvelles associations entre eux. Les églises urbaines revitalisées peuvent être utilisées par le Seigneur pour déclencher des mouvements robustes d'implantation d'églises évangéliques pionnières dans la ville. Lorsque les églises urbaines partagent une identité commune dans un corps ecclésial qui exprime la Grande Tradition (spiritualité partagée), elles peuvent défendre notre foi orthodoxe historique. Lorsque ces églises reconnaissent leur liberté culturelle d'incarner la Grande Tradition dans leur propre ethnicité et culture (identité de groupe de personnes), elles peuvent partager l'Évangile avec tous les peuples, indépendamment de leur héritage ou de leur langue. Et, lorsqu'elles partagent les mêmes protocoles et ressources que la Grande Tradition rend possibles (standardisation dynamique), elles peuvent reproduire des mouvements qui multiplieront des milliers d'églises culturellement adaptées parmi les pauvres des villes du monde. Ces trois éléments, lorsqu'ils sont soutenus par un engagement profond à découvrir et à exprimer la Grande Tradition, peuvent permettre la croissance de nouvelles communautés de foi dans des zones urbaines non touchées par l'Évangile (voir le graphique *La nature des mouvements dynamiques d'implantation d'églises* à la page 153).

Au fil du temps, nous avons l'intention de permettre aux leaders appelés par l'Esprit et aux mouvements qu'ils engendrent de participer en tant que membres actifs à des réseaux plus larges d'assemblées saines. Ces associations et communions les aideront à apprendre l'histoire de Dieu et à s'enrichir d'une communion dynamique et continue à travers nos *racines sacrées*. Nous espérons que Dieu habilitera une nouvelle génération d'églises de la ville à s'unir dans une unité explicite dans le but d'accomplir la Grande Commission parmi les pauvres des villes d'Amérique et, si possible, dans le monde entier.

Vous vous demandez peut-être comment cela est possible ! Comment des petites églises souvent très démunies – dont beaucoup sont assiégées et luttent pour survivre – peuvent-elles être l'espoir d'un nouveau mouvement missionnaire en Amérique et dans le monde ? Une telle vision n'est-elle pas stupide, voire insultante ? Comment Dieu peut-il sauver le monde en plantant des églises parmi les pauvres non atteints d'Amérique ? Qu'est-ce que toutes ces discussions sur la tradition, la spiritualité et la transformation de la ville ont à voir avec le fait que le monde doit écouter la Bonne Nouvelle dans notre génération ? Eh bien, à notre avis, cela a absolument tout à voir !

L'INTRIGUE DIVINE : LE PRINCIPE DE L'INVERSION

Le cœur même de l'Histoire de Dieu est que le Royaume de Dieu en Jésus-Christ va à l'encontre de l'imagination et des possibilités du royaume de ce monde. En d'autres termes, nous croyons que le réveil et le renouveau pourraient émerger des pauvres des villes précisément parce qu'ils sont les moins susceptibles d'être considérés comme les héros et héroïnes du Royaume.

Regardez notre foi dans son ensemble ; n'est-il pas clair que Dieu choisit les improbables, les mal-aimés et les ignorants pour faire honte aux sages, aux forts et aux orgueilleux ? Dans le Royaume de Dieu, les pauvres deviendront riches et les riches pauvres (Luc 6:20-26). Les transgresseurs de la loi et les indignes seront sauvés et les soi-disant héritiers seront écartés (Matt. 21:31-32). Ceux qui s'élèvent seront abaissés et ceux qui s'abaissent seront élevés (Luc 18:14). Ceux qui prétendent voir seront rendus aveugles et ceux qui sont aveugles recevront la vue (Jean 9:39-41). Dieu a en effet choisi les fous du monde pour confondre les sages, les faibles du monde pour confondre les forts, les humbles et les méprisés du monde pour anéantir les choses qui existent (1 Cor. 1:27 et suiv.). David, un jeune berger non invité à la bataille, devient le champion d'Israël; et Marie, une jeune fille vierge inconnue d'Israël, est appelée à enfanter le Messie.

Dans notre esprit, le simple principe de l'inversion implique que Dieu peut, par son Saint-Esprit, appeler une génération hors de la ville à redécouvrir l'histoire de Dieu de manière à engendrer à nouveau de nouveaux mouvements d'amour, de grâce et de guérison dans des communautés ravagées par les ténèbres et les mensonges de l'ennemi. En effet, l'Histoire promet sans équivoque que son champion, Jésus-Christ, vaincra en fait les puissances des ténèbres et établira un Royaume qui n'aura pas de fin. En vérité, le royaume de ce monde deviendra le royaume de notre Dieu et de son Christ, et il régnera aux siècles des siècles (Apocalypse 11:15). Rien ne peut arrêter cela ni empêcher son accomplissement. Bientôt et très bientôt, il s'accomplira.

« IL Y A BEAUCOUP DE PLACE DANS LE ROYAUME DE MON PÈRE, CHOISIS TON SIÈGE ET ASSIEDS-TOI »

L'un des chants de gospel chantés dans mon église natale lorsque j'étais enfant était «*Plenty Good Room*» [beaucoup de place]. Cet air traditionnel du Sud faisait retentir la vérité du Royaume pour un groupe de Noirs privés de leurs droits et traités comme des citoyens de seconde zone. Sans colère ni méchanceté, ces familles chères criaient l'espoir de la plus grande histoire, l'histoire de Dieu ; elles déclaraient que dans le Royaume, il y a beaucoup de place. Dans le Royaume, il y a assez de place pour tout le monde. Dans le Royaume, tous ceux qui disent oui peuvent entrer dans l'amour de Dieu en Jésus-Christ. Oui, dans le Royaume du Père, il y a de la place pour tout le monde.

Plus que jamais, nous avons besoin d'hommes et de femmes capables de transcender le doute fondamental qui s'exprime aujourd'hui dans de nombreux milieux quant à la capacité de l'Esprit à transformer les gens de la ville à l'image du Christ par la grâce et par la foi. Plus que jamais, nous avons besoin d'une nouvelle génération de disciples du Christ affamés qui « iront de l'avant en regardant en arrière », c'est-à-dire qui redécouvriront la Grande Tradition qui a donné naissance à nos nombreuses communautés chrétiennes, engendré de nombreux martyrs et missionnaires, et qui continue d'inspirer une nouvelle génération de leaders locaux qui dispenseront l'amour du Christ dans des endroits où il n'est pas connu aujourd'hui. La même histoire est capable de nous changer, de nous transformer et de lever un peuple dans la ville pour Dieu.

Je peux encore les entendre chanter à tue-tête dans cette petite église urbaine délabrée :

> *Il y a beaucoup de place, beaucoup de place,*
> *Beaucoup de place dans le royaume de mon Père.*
> *Il y a beaucoup de place, beaucoup de place,*
> *Choisis ton siège, et assieds-toi.*

[traduit de "*Plenty Good Room*"]

L'histoire n'est pas terminée. Le Père est toujours en train de la mettre en scène, le Fils y joue toujours un rôle et l'Esprit continue de la narrer en des milliers de langues et dans des dizaines de millions d'endroits.

Il y a beaucoup de place, et il y a encore une place pour vous, et un rôle à jouer.

LA NATURE DES MOUVEMENTS DYNAMIQUES D'IMPLANTATION D'ÉGLISES

Cartographie des éléments d'une mission urbaine efficace

Révérend Dr Don L. Davis. ©2009. The Urban Ministry Institute.

Une évaluation missionnaire des mouvements dynamiques d'implantation d'églises				
Éléments	Spiritualité partagée	Identité de groupes démographiques	Standardisation dynamique	Niveau de réuissite
Terme	*Formation spirituelle*	*Contextualisation*	*Multiplication*	
Définition	Avoir une identité spirituelle commune dans un corps ecclésial qui exprime la Grande Tradition	Reconnaître notre liberté en Christ d'incarner la foi au sein de l'ethnicité et de la culture	Reproduire rapidement des églises saines d'un même type grâce à des protocoles et des ressources partagés	
Explication	Prévoit une identité spirituelle apostolique valide et distinctive incarnée dans un corps ecclésial (pourquoi et quoi)	Détermine comment cette identité est comprise, pratiquée (où et avec qui)	Détermine comment cette identité est formée, entretenue et multipliée (comment)	
Fardeau	Exprimer une vision et une discipline spirituelles communes dans une pratique partagée	Contextualiser dans une culture ou un groupe de personnes.	Organiser et coordonner les ressources pour le bien commun	
Approches alternatives dans l'implantation d'église — Modèle 1	Identité cultivée fondée sur la spiritualité et la pratique	Attention maximale portée à la culture et à l'ethnicité	Structures intégrées et protocoles communs	*Plus efficace*
Modèle 2	Éléments partagés de spiritualité et de pratique	Plus d'attention à la culture et à l'ethnicité	Structures volontaires et protocoles non obligatoires	*Plus efficace*
Modèle 3	Spiritualité et pratique divergentes et dissemblables	Une certaine attention à la culture et à l'ethnicité	Structures inconstantes et protocoles divergents	*Moins efficace*
Modèle 4	Approches fragmentées de la spiritualité et de la pratique	Aucune attention à la culture et à l'ethnicité	Structures arbitraires et protocoles aléatoires	*Moins efficace*

Histoire et identité (*notre héritage commun*). Nos mouvements d'implantation d'églises doivent s'ancrer dans la Grande Tradition tout en s'identifiant au sein d'un corps ecclésial qui partage une identité et une histoire communes que tous embrassent, quelle que soit leur culture ou leur ethnie.

Adhésion et appartenance (*notre discipline commune*). Nos mouvements d'implantation d'églises doivent être ancrés dans des présentations évangéliques et historiquement orthodoxes de l'Évangile qui aboutissent à des conversions à Jésus-Christ et à l'incorporation dans des églises locales dynamiques et saines.

Théologie et doctrine (*notre foi commune*). Nos mouvements d'implantation d'églises doivent être ancrés dans une théologie et une éducation chrétienne (catéchisme) communes qui reflètent une foi commune solidement ancrée dans la Grande Tradition.

Culte et liturgie (*notre culte commun*). Nos mouvements d'implantation d'églises doivent partager une hymnodie, une liturgie, un symbolisme et une formation spirituelle qui leur permettent d'adorer et de glorifier Dieu, et qui les poussent à contextualiser la foi de manière à attirer et à convaincre les citadins.

Rassemblement et association (*notre partenariat commun*). Nos mouvements d'implantation d'Églises doivent chercher à connecter, relier et associer les congrégations et les leaders au sein de nos mouvements les uns aux autres dans le cadre de communications régulières, de la communion et du partenariat dans la mission.

Ministères de justice et de soutien (*notre service commun*). Nos mouvements d'implantation d'églises doivent démontrer l'amour et la justice du Royaume dans la ville de manière pratique qui permet à ses congrégations d'aimer leurs voisins comme elles s'aiment elles-mêmes.

Ressources et finances (*notre intendance commune*). Nos mouvements d'implantation d'églises doivent gérer leurs affaires financières et leurs ressources avec des politiques sages, rationalisées et reproductibles qui permettent une bonne gestion de notre argent et de nos biens.

Gouvernement de l'Église *(notre politique commune)*. Nos mouvements d'implantation d'églises doivent être organisés autour d'une politique, un système de contrôle et une gouvernance communs qui permettent une gestion efficace de leurs opportunités et de leurs ressources.

Politiques et stratégies de développement du leadership *(notre direction commune)*. Nos mouvements d'implantation d'églises doivent identifier, équiper et soutenir des pasteurs et des missionnaires de nos congrégations qui unissent nos dirigeants les uns aux autres dans la foi et la pratique.

Evangélisation et missions *(notre mission commune)*. Nos mouvements d'implantation d'églises doivent coordonner leurs efforts et leurs activités pour donner un témoignage clair de Jésus dans la ville, ce qui résultera en l'implantation d'un nombre significatif de nouvelles congrégations qui rejoindront nos mouvements aussitôt que possible.

SACRED · ROOTS

ANNEXE

RESSOURCES POUR LE VOYAGE

ANNEXE 1

WORLD IMPACT
TRANSFORMING COMMUNITIES TOGETHER

World Impact, Inc., le ministère parent de TUMI, est une organisation missionnaire interdénominationnelle qui s'engage à faciliter les mouvements d'implantation d'églises, en évangélisant, en équipant et en autonomisant les pauvres des villes qui ne sont pas encore atteints par l'Évangile.

Évangélisation : *Tout ce que nous disons et faisons qui révèle l'amour de Dieu à nos voisins.*

Equiper : *Former les disciples urbains à vivre une vie chrétienne saine et à faire de nouveaux disciples.*

Autonomisation : *Des ministères basés sur l'église, dirigés par des indigènes, qui transforment ensemble les communautés.*

Énoncé d'objectif

Notre objectif est d'honorer et de glorifier Dieu, et de nous réjouir de Lui parmi les pauvres urbains non évangélisés en Le connaissant et en Le faisant connaître.

Énoncé de mission

En tant qu'organisation de missions chrétiennes, nous nous engageons à faciliter les mouvements d'implantation d'églises en évangélisant, en équipant et en autonomisant les pauvres des villes américaines.

Énoncé de vision

Notre vision est de recruter, d'équiper et de déployer des leaders urbains qui planteront des églises et lanceront des mouvements indigènes d'implantation d'églises.

Énoncé du but global

Les pauvres des villes qui sont habilités à faire avancer le Royaume de Dieu dans chaque ville à travers l'église locale.

Slogan

Transformer les communautés ensemble

Notre domaine d'intervention : L'autonomisation des leaders chrétiens autochtones en milieu urbain.

Nous faisons avancer le Royaume de Dieu par l'intermédiaire de l'église locale, en autonomisant les leaders chrétiens autochtones des zones urbaines au moyen de plusieurs initiatives de leadership :

- TUMI
- Associés
- Retraites de leadership (SIAFU)
- *Evangel School of Urban Church Planting*
  (école d'implantation d'églises en milieux urbains)
- Associations d'églises urbaines (UCA)
- Éducation chrétienne urbaine : Écoles chrétiennes
- De l'incarcération à l'incorporation (I2I)

Notre modèle de ministère :
Vous pouvez le faire ; nous pouvons aider.

TUMI
Fiche de renseignements

The Urban Ministry Institute
3701 East 13th Street | Wichita, Kansas 67208
Email : contactus@tumi.org | Tel : 316.681.1317 | www.tumi.org

Un ministère de

WORLD IMPACT
TRANSFORMING COMMUNITIES TOGETHER

Notre Identité
The Urban Ministry Institute (TUMI) est la branche de formation de World Impact – une organisation missionnaire interdénominationnelle qui s'engage à faciliter les mouvements d'implantation d'églises en évangélisant, en équipant et en habilitant les pauvres des villes qui ne sont pas encore atteints par l'Évangile. Le rôle de TUMI dans cette vision est d'équiper les leaders de l'église urbaine, en particulier parmi les pauvres, afin de faire avancer le Royaume de Dieu.

Notre mission
Nous nous consacrons à la formation de leaders et à l'autonomisation des mouvements. Notre orientation est claire : fournir des ressources pour la Grande Commission. Nous fournissons des ressources, des consultations et des événements innovants pour permettre aux églises et aux organisations d'exercer un ministère efficace parmi les perdus, en particulier parmi les pauvres, dans les domaines de l'évangélisation, de la formation de disciples, de l'implantation d'églises et du développement du leadership.

Notre histoire
En 2015, TUMI a célébré sa vingtième année d'activité. Ce bref aperçu de notre histoire révèle notre engagement à équiper des ouvriers spirituels qualifiés parmi les pauvres :

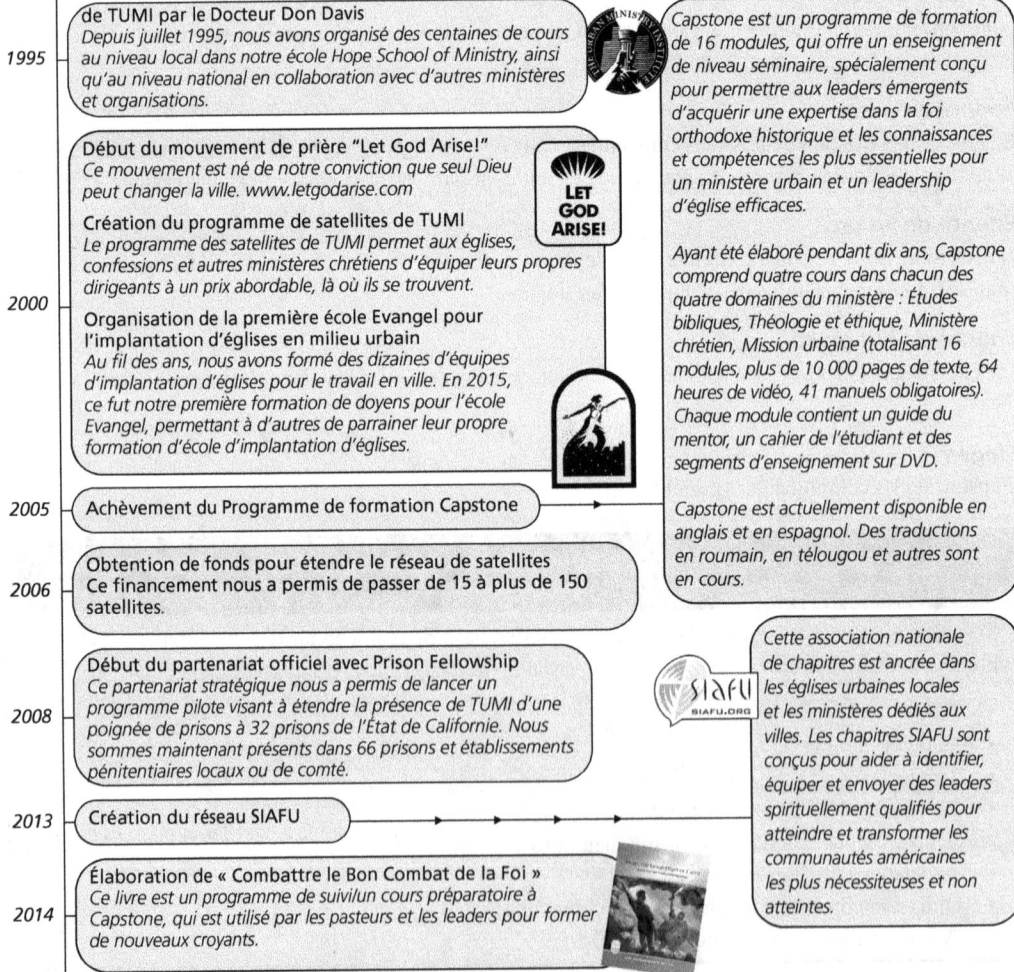

1995
de TUMI par le Docteur Don Davis
Depuis juillet 1995, nous avons organisé des centaines de cours au niveau local dans notre école Hope School of Ministry, ainsi qu'au niveau national en collaboration avec d'autres ministères et organisations.

2000
Début du mouvement de prière "Let God Arise!"
Ce mouvement est né de notre conviction que seul Dieu peut changer la ville. www.letgodarise.com

Création du programme de satellites de TUMI
Le programme des satellites de TUMI permet aux églises, confessions et autres ministères chrétiens d'équiper leurs propres dirigeants à un prix abordable, là où ils se trouvent.

Organisation de la première école Evangel pour l'implantation d'églises en milieu urbain
Au fil des ans, nous avons formé des dizaines d'équipes d'implantation d'églises pour le travail en ville. En 2015, ce fut notre première formation de doyens pour l'école Evangel, permettant à d'autres de parrainer leur propre formation d'école d'implantation d'églises.

LET GOD ARISE!

2005
Achèvement du Programme de formation Capstone

2006
Obtention de fonds pour étendre le réseau de satellites
Ce financement nous a permis de passer de 15 à plus de 150 satellites.

2008
Début du partenariat officiel avec Prison Fellowship
Ce partenariat stratégique nous a permis de lancer un programme pilote visant à étendre la présence de TUMI d'une poignée de prisons à 32 prisons de l'État de Californie. Nous sommes maintenant présents dans 66 prisons et établissements pénitentiaires locaux ou de comté.

2013
Création du réseau SIAFU

SIAFU
SIAFU.ORG

2014
Élaboration de « Combattre le Bon Combat de la Foi »
Ce livre est un programme de suivi/un cours préparatoire à Capstone, qui est utilisé par les pasteurs et les leaders pour former de nouveaux croyants.

Capstone est un programme de formation de 16 modules, qui offre un enseignement de niveau séminaire, spécialement conçu pour permettre aux leaders émergents d'acquérir une expertise dans la foi orthodoxe historique et les connaissances et compétences les plus essentielles pour un ministère urbain et un leadership d'église efficaces.

Ayant été élaboré pendant dix ans, Capstone comprend quatre cours dans chacun des quatre domaines du ministère : Études bibliques, Théologie et éthique, Ministère chrétien, Mission urbaine (totalisant 16 modules, plus de 10 000 pages de texte, 64 heures de vidéo, 41 manuels obligatoires). Chaque module contient un guide du mentor, un cahier de l'étudiant et des segments d'enseignement sur DVD.

Capstone est actuellement disponible en anglais et en espagnol. Des traductions en roumain, en télougou et autres sont en cours.

Cette association nationale de chapitres est ancrée dans les églises urbaines locales et les ministères dédiés aux villes. Les chapitres SIAFU sont conçus pour aider à identifier, équiper et envoyer des leaders spirituellement qualifiés pour atteindre et transformer les communautés américaines les plus nécessiteuses et non atteintes.

172

ANNEXE 2

LA VISION DE THE URBAN MINISTRY INSTITUTE

Révérend Dr Don L. Davis. ©2007. The urban ministry institute

Habacuc 2:2-4 - L'Éternel m'adressa la parole, et il dit: Écris la prophétie: Grave-la sur des tables, Afin qu'on la lise couramment. 3 Car c'est une prophétie dont le temps est déjà fixé, Elle marche vers son terme, et elle ne mentira pas; Si elle tarde, attends-la, Car elle s'accomplira, elle s'accomplira certainement. 4 Voici, son âme s'est enflée, elle n'est pas droite en lui; Mais le juste vivra par sa foi.

Faciliter les mouvements pionniers d'implantation d'églises au sein des communautés urbaines défavorisées et non atteintes d'Amérique

The Urban Ministry Institute est un ministère de World Impact, une organisation missionnaire interdénominationnelle qui se consacre à l'évangélisation, au discipulat et à l'implantation d'églises parmi les pauvres des villes américaines. En tant que centre de formation et de recherche de World Impact, TUMI cherche à générer et à faciliter stratégiquement des mouvements indigènes dynamiques d'implantation d'églises parmi les pauvres, afin d'atteindre les populations non atteintes des centres-villes américains.

Pour atteindre cet objectif, nous aidons à former des alliances stratégiques entre et parmi les pasteurs urbains, les ouvriers chrétiens et les missionnaires, ainsi que les églises et les dénominations et d'autres organisations visant le Royaume, afin de déclencher de robustes mouvements d'implantation d'églises évangéliques pionnières dans les centres urbains. Nous espérons que ces mouvements multiplieront des milliers d'églises évangéliques culturellement adaptées parmi les pauvres des villes américaines. Nous offrirons notre expertise pour assurer que les Églises de ces mouvements glorifient Dieu le Père par leur identité centrée sur Christ, leur culte et leur vie communautaire inspirés par l'Esprit, en défendant la foi orthodoxe historique et en s'engageant dans la justice sociale et la mission évangélique au service du Royaume.

Équiper les leaders au service des églises nées des mouvements d'implantation d'églises évangéliques

En outre, nous nous efforcerons de garantir que les dirigeants et les congrégations de ces mouvements d'implantation d'églises soient solidement équipés pour accomplir efficacement leur ministère en milieu urbain. Nous les habiliterons à s'affilier à d'autres dirigeants et églises en vue de leur permettre de partager une identité commune et de s'associer de manière ciblée.

Nous nous engageons à permettre aux dirigeants et aux églises résultant de ces mouvements de participer en tant que membres actifs à des réseaux plus larges d'assemblées saines, où ils peuvent être encouragés dans leur culte et leur discipulat communs, et s'enrichir au sein d'une communion dynamique et continue. Nous faciliterons la mise en place de structures efficaces de surveillance et de gestion pieuses, qui les protégeront du schisme et de l'hérésie, et les encourageront à collaborer ensemble à travers des projets stratégiques de dons, de service et de mission.

Engender des nouvelles initiatives agressives d'implantation d'églises parmi les pauvres en Amérique et dans le monde entier

Enfin, nous nous efforcerons de veiller à ce que les dirigeants et les églises évangéliques de ces mouvements se réunissent dans une unité explicite dans le but d'accomplir la Grande Commission parmi les pauvres des zones urbaines en Amérique et, si possible, dans le monde entier. En commençant par les pauvres américains non atteints, nous encouragerons tous les leaders chrétiens, toutes les églises urbaines et tous les mouvements d'implantation d'églises à collaborer et à coordonner leurs dons, leurs efforts et leurs ressources pour faire avancer l'Évangile du Christ et son Royaume dans toutes les communautés urbaines pauvres de la planète. Nous commencerons par nos propres Jérusalems et Judeas ici dans les zones urbaines d'Amérique, et nous espérons nous épanouir sur ce continent et dans notre hémisphère.

En fin de compte, nous chercherons à aider ces mêmes mouvements d'implantation d'églises parmi les pauvres des villes américaines à faire avancer agressivement le Royaume en multipliant rapidement des mouvements similaires d'implantation d'églises parmi les pauvres urbains non atteints des mégavilles du monde, en particulier ceux qui sont reconnus comme des villes-passerelles dans la Fenêtre 10/40.

ANNEXE 3

BIBLIOGRAPHIE SÉLECTIONNÉE SUR LES CREDOS ET LA GRANDE TRADITION

Une liste abrégée sur les Credo des Apôtres et de Nicée, et la croyance chrétienne primitive :

Bethune-Baker, J. F. *An Introduction to the Early History of Christian Doctrine.* London: Methuen & Co., 1933.

Bloesch, Donald. *Essentials of Evangelical Theology.* San Francisco: Harper and Row, 1978.

Burnaby, John. *The Belief of Christendom: A Commentary on the Nicene Creed.*

Chadwick, Henry. *The Early Church, Penguin History of the Church 1.* Rev. ed. New York: Penguin, 1994.

Ferguson, Everett, Michael P. McHugh, and Frederick W. Norris, eds. *Encyclopedia of Early Christianity.* 2nd ed. New York: Garland Publishing, 1998.

Frend, W. H. C. *The Rise of Christianity.* Philadelphia: Fortress Press, 1984.

Gonzalez, Justo. *A History of Christian Thought.* Nashville: Abingdon, 1975.

Heim, Mark S. ed. *Faith to Creed: Toward a Common Historical Approach to the Affirmation of the Apostolic Faith in the Fourth Century.*

Howell, James C. *The Life We Claim: The Apostles' Creed for Preaching, Teaching, and Worship.* Nashville: Abingdon Press, 2005.

Leith, John H. Ed. *Creeds of the Churches: A Reader in Christian Doctrine from the Bible to Present.* 3rd Edition. Atlanta: John Knox Press, 1982.

Little, Paul. E. *Know Why You Believe: Connecting Faith and Reason.* Downers Grove, IL: InterVarsity, 2000. ISBN # 0-8308-2250-X

————. *Know What You Believe: Connecting Faith and Truth.* Colorado Springs, CO: Victor Cook Communications, 2003.

Kelly, J. N. D. *Early Christian Creeds.* London: Longman, 1972.

————. *Early Christian Doctrines.* 5th ed. London: A & C Black, 1985.

McGrath, Allister. *"I Believe": Exploring the Apostles' Creed.* Downers Grove: Inter-Varsity Press, 1991, 1997.

Pelikan, Jaroslav. *The Christian Tradition: A History of the Development of Doctrine, vol. 1: The Emergence of the Catholic Tradition (100-600).* Chicago: The University of Chicago Press, 1971.

Seitz, Christopher R. ed. *Nicene Christianity: The Future for a New Ecumenism.* Grand Rapids: Brazos Press, 2001.

Simpson, Gregory. *The Nicene Creed for Today.*

Torrance, Thomas J. *The Incarnation-Ecumenical Studies in the Nicene-Constantino-politan Creed A.D. 381.* (April 1981).

————. *The Trinitarian Faith: The Evangelical Theology of the Ancient Catholic Church.* Edinburgh: T & T Clark, 1988.

Webber, Robert E. *Common Roots: A Call to Evangelical Maturity.* Grand Rapids, MI: Zondervan, 1979.

————. *Ancient-Future Faith: Rethinking Evangelicalism for a Postmodern World.* Grand Rapids: Baker Books, 1999/2006.

————. *Ancient-Future Time: Forming Spirituality through the Christian Year.* Grand Rapids, MI: Baker Books, 2004.

Willis, David. *Clues to the Nicene Creed: A Brief Outline of the Faith.* Grand Rapids: Eerdmans Publishing, 2005.

Une bibliographie de base utile sur l'histoire de l'Église et la Grande Tradition :

Aulen, Gustaf. *Christus Victor.*

Barnett, Paul. *Jesus and the Rise of Early Christianity.*

Bauckham, Richard. *Jesus and the Eyewitnesses: The Gospels as Eyewitness Testimony.*

Brown, Peter. *The World of Late Antiquity.*

——. *Power and Persuasion in Late Antiquity.*

——. *Society and the Holy in Late Antiquity.*

——. *The Body and Society.*

——. *The Cult of the Saints.*

——. *The Rise of Western Christendom, 200 - 1000 A. D. Triumph and Diversity.*

Buschart, W. David. *Exploring Protestant Traditions: An Invitation to Theological Hospitality.* Downers Grove: IVP Academic Press, 2006.

Clark, Elizabeth. *Women in the Early Church.*

Coakley and Sterk. *Readings in World Christian History.*

Dalrymple, William. *From the Holy Mountain.*

Donfried and Richardson. *Judaism and Christianity in First Century Rome.*

Drijver, Hans. *East of Antioch: Studies in Early Syriac Christianity.*

Ehrman, Bart. *After the New Testament, a Reader in Early Christianity.*

Evangelical Training Association (ETA). *Perspectives form Church History.* Wheaton, IL: Evangelical Training Association, 1996.

Frend, W. H. C. *Martyrdom and Persecution in the Early Church.*

———. *The Rise of Christianity.*

Flusser, David. *Jewish Sources in Early Christianity.*

Fox, Robin Lane. *Pagans and Christians.*

Froehlich, Karlfried. *Biblical Interpretation in the Early Church.*

Gillquist, Peter E. *Becoming Orthodox: A Journey to the Ancient Faith.* Rev. ed. Ben Lomond, CA: Conciliar Press, 1992.

Gonzalez, Justo L. *Church History: An Essential Guide.* Nashville: Abingdon Press, 1996.

Goodman, Martin. *Mission and Conversion.*

Griggs, Wilfred. *Early Egyptian Christianity.*

Irvin and Sunquist. *History of the World Christian Movement.*

Johnson, Luke Timothy. *Religious Experience in Earliest Christianity.*

Jones, Timothy Paul. *Christian History Made Easy.* Torrance, CA: Rose Publishing, 2005.

Josephus, Flavius. *Works.*

Journal of Early Christian Studies. (Selected Articles).

Kee, Howard Clark. *Medicine, Miracle, and Magic in the New Testament Times.*

———. *Miracle in the Early Christian World.*

Kreider, Alan. *The Change of Conversion and the Origin of Christendom.*

Lane, Tony. *Exploring Christian Thought.* Nashville: Thomas Nelson Publishers, 1984.

MacMullen and Lane. *Paganism and Christianity 100 - 424 A.D. A Sourcebook.*

MacMullen, Ramsey. *Christianizing the Roman Empire, 100 - 400 A.D.*

Meeks, Wayne. *The First Urban Christians.*

Meyer, Ben. *The Aims of Jesus.*

Mills, Kenneth and Anthony Grafton. *Conversion in Late Antiquity and the Early Middle Ages.*

Noll, Mark A. *Turning Points: Decisive Moments in the History of Christianity.* 2nd Ed. Grand Rapids: Baker Academic, 2000.

Payne, Robert. *The Holy Fire: The Story of the Fathers of the Eastern Church.*

Procopius. *The Secret History.*

Quasten, Johannes. *Patrology.* 4 vols.

Robeck, Cecil. *Prophesy in Carthage.*

Rousseau, Philip. *The Early Christian Centuries.*

Shelly, Bruce L. *Church History in Plain Language.* Updated 2nd ed. Nashville: Thomas Nelson Publishers, 1995.

Stark, Rodney. *The Rise of Christianity.*

Twelftree, Graham. *Jesus the Miracle Worker.*

Walls, Andrew. *Six Continent Christianity.*

Wilken, Robert Louis. *The Christians as the Romans Saw Them.*

———. *The Spirit of Early Christian Thought.*

———. *Remembering the Christian Past.*

Wright, N. T. *The New Testament and the People of God.*

————. *Jesus and the Victory of God.*

————. *The Resurrection of the Son of God.*

ANNEXE 4

TUMI.ORG:
RESSOURCES DE L'ÉGLISE POUR LA GRANDE TRADITION

DÉVELOPPEMENT DU LEADERSHIP

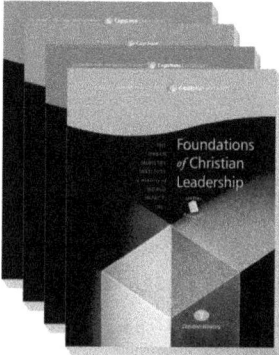

- *Le Programme Capstone* : un programme de formation de seize modules de niveau séminaire pour les leaders chrétiens des zones urbaines ; les cours sont organisés en quatre domaines : Études bibliques, Théologie et éthique, Ministère chrétien, et Mission urbaine.

- *La série «Foundations for Ministry»* : des cours individuels (y compris un cahier d'exercices et des documents audio) sur une variété de sujets dans les quatre mêmes domaines que Capstone.

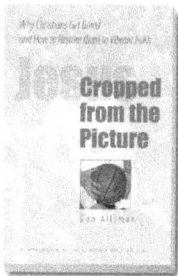

LA GRANDE TRADITION ET LE RENOUVEAU DE L'ÉGLISE

- *Racines sacrées : Une introduction à la récupération de la grande tradition*

- *Jésus, coupé de l'image : Pourquoi les chrétiens s'ennuient et comment les ramener à une foi vivante.*

L'IMPLANTATION D'ÉGLISES

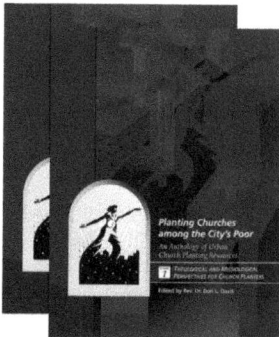

- *Evangel School of Urban Church Planting* : forme des implanteurs d'églises à implanter des églises saines

- *Ripe for Harvest* (mûr pour la moisson) : texte officiel de l'école Evangel

- *Planting Churches among the City's Poor* (implanter des églises parmi les pauvres de la ville) : une anthologie en deux volumes de la recherche, du dialogue et de la compréhension de World Impact sur l'implantation d'églises

181

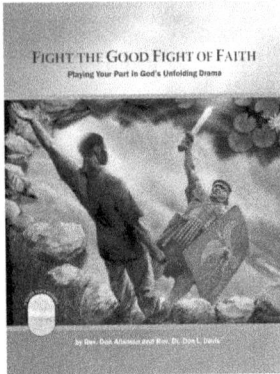

RESSOURCES POUR LE DISCIPULAT

- Le réseau SIAFU : une association nationale de chapitres ancrés dans des églises et des ministères urbains locaux ; conçue pour identifier, équiper et envoyer des leaders spirituellement qualifiés pour atteindre et transformer les communautés non atteintes les plus pauvres en Amérique urbaine.

- *Combattre le bon combat de la foi* : un programme de suivi pour les nouveaux croyants qui est utilisé dans des groupes d'études bibliques, des écoles du dimanche, des prisons, etc.

OUTILS DE MÉMORISATION DES ÉCRITURES

Maîtriser le système biblique : un programme élaboré de mémorisation des Écritures conçu pour donner aux croyants une compréhension pratique des sujets suivants :

- Les fondements de notre foi

- L'histoire de Dieu

- La vie du Christ

- Le profil du croyant mature

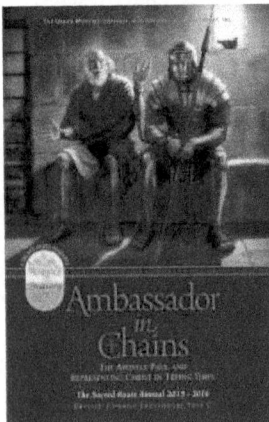

L'ANNÉE ECCLÉSIASTIQUE

- *Le calendrier de l'année ecclésiastique* : Chaque année, TUMI crée un calendrier de l'année ecclésiastique, qui nous aide à suivre la vie du Christ à travers les saisons de l'année liturgique.

- *L'annuel de Racines sacrées* : un guide de dévotion qui intègre nos sujets de prédication, nos liturgies de culte et nos disciplines spirituelles sous un thème commun pour l'année.

RESSOURCES DE DÉVOTION

- Affiches du credo de Nicée et du credo des apôtres

- *Il était une fois* : raconte l'histoire de Dieu de la création à la recréation (disponible en format poster et brochure)

- *Guide de lecture chronologique de la Bible* : un calendrier pour lire la Bible entière en une seule année, avec des références données chronologiquement, pour raconter l'histoire de la Bible dans l'ordre dans lequel les événements se sont réellement produits.

ART ET MUSIQUE POUR L'ÉGLISE ET LA MAISON

- Impressions et posters représentant des thèmes et des récits bibliques (par l'artiste Tim Ladwig)

- Des articles-cadeaux tels que des cartes de vœux, des journaux, des boîtes à souvenirs, etc.

- *Productions TUMI* : téléchargez et/ou achetez de la musique chrétienne édifiante d'une saveur et d'un style urbains distinctifs.

ANNEXE 5

UN APPEL À UN AVENIR ÉVANGÉLIQUE ANCIEN

Robert Webber et Phil Kenyon Révisé 36-5.12.06

PROLOGUE

À chaque époque, le Saint-Esprit appelle l'Église à examiner sa fidélité à la révélation de Dieu en Jésus-Christ, consignée avec autorité dans les Écritures et léguée à travers l'Église. Ainsi, tout en affirmant la force et la vitalité de l'évangélisme mondial de nos jours, nous croyons que l'expression nord-américaine de l'évangélisme doit être particulièrement sensible aux nouveaux défis externes et internes auxquels est confronté le peuple de Dieu.

Ces défis externes incluent le contexte culturel actuel et la résurgence des idéologies religieuses et politiques. Les défis internes incluent l'accommodation de la part des évangéliques à la religion civile, au rationalisme, au privatisme et au pragmatisme. À la lumière de ces défis, nous appelons les évangéliques à renforcer leur témoignage par la récupération de la foi articulée par le consensus de l'ancienne Église et ses gardiens dans les traditions de l'orthodoxie orientale, du catholicisme romain, de la Réforme protestante et des réveils évangéliques. Les chrétiens primitifs étaient confrontés à un monde de paganisme, de gnosticisme et de domination politique. Face à l'hérésie et à la persécution, ils comprenaient l'histoire à travers celle d'Israël, dont le point culminant était la mort et la résurrection de Jésus et l'avènement du Royaume de Dieu.

Aujourd'hui, comme à l'époque antique, l'Église est confrontée à une foule de récits dominants qui contredisent et concurrencent l'Évangile. La question pressante est : qui a le droit de raconter l'histoire du monde ? *L'Appel à un avenir évangélique ancien* appelle les chrétiens évangéliques à rétablir la priorité du récit biblique divinement inspiré des actes de Dieu dans l'histoire. Le récit du Royaume de Dieu a des implications éternelles pour la mission de l'Église, sa réflexion théologique, ses ministères publics de culte et de spiritualité et sa vie dans le monde. En abordant ces thèmes, nous croyons que l'Église sera renforcée pour faire face aux problèmes de notre époque.

1. Concernant la primauté du récit biblique

Nous appelons à un retour à la priorité de l'histoire canonique divinement auto-
risée du Dieu trinitaire. Cette histoire – création, incarnation et re-création – fut
actualisée par la récapitulation de l'histoire humaine par Christ et résumée par
l'Église primitive dans ses règles de foi. Le contenu évangélique de ces règles
servait de clé à l'interprétation de l'Écriture et à la critique de la culture contemporaine, et façonnait ainsi le ministère pastoral de l'Église. Aujourd'hui, nous
appelons les évangéliques à abandonner les méthodes théologiques modernes qui
réduisent l'évangile à de simples propositions, et les ministères pastoraux contem-
porains si compatibles avec la culture qu'ils camouflent l'histoire de Dieu ou la dé-
pouillent de sa signification cosmique et rédemptrice. Dans ce monde d'histoires
concurrentes, nous appelons les évangéliques à récupérer la vérité de la parole de
Dieu en tant qu'histoire du monde et à en faire le centre de la vie évangélique.

2. Concernant l'Église en tant que continuation du récit de Dieu

Nous appelons les évangéliques à prendre au sérieux le caractère visible de
l'Église. Nous leur appelons à s'engager dans sa mission dans le monde en étant
fidèles à la mission de Dieu (*Missio Dei*), et à explorer les implications oecumé-
niques que cela a pour l'unité, la sainteté, la catholicité et l'apostolicité de l'Église.
Ainsi, nous appelons les évangéliques à renoncer à tout individualisme qui fait de
l'Église un simple addendum au plan rédempteur de Dieu. L'évangélisme indi-
vidualiste a contribué aux problèmes actuels du christianisme sans église, de la
redéfinition de l'Église selon des modèles commerciaux, des ecclésiologies sépara-
tistes et des attitudes de jugement envers l'Église. Par conséquent, nous appelons
les évangéliques à retrouver leur place dans la communauté de l'Église catholique.

3. Concernat la réflexion théologique de l'Église sur le récit de Dieu

Nous appelons à ce que la réflexion de l'Église reste ancrée dans les Écritures
en cohérence avec l'interprétation théologique apprise des premiers Pères. Ainsi, nous appelons les évangéliques à abandonner les méthodes qui séparent la
réflexion théologique des traditions communes de l'Église. Ces méthodes modernes fragmentent l'histoire de Dieu en analysant ses différentes parties, tout en
ignorant l'ensemble de l'œuvre rédemptrice de Dieu telle qu'elle est récapitulée

en Christ. Les attitudes anti-historiques ignorent également l'héritage biblique et théologique commun de l'ancienne Église. Un tel mépris ne tient pas compte de la valeur herméneutique des credos œcuméniques de l'Église. Cela réduit l'histoire du monde racontée par Dieu à l'une des nombreuses théologies concurrentes et nuit au témoignage unifié de l'Église sur le plan de Dieu pour l'histoire du monde. Par conséquent, nous appelons les évangéliques à l'unité dans « la tradition qui est crue crue partout, toujours et par tous », ainsi qu'à l'humilité et à la charité dans leurs diverses traditions protestantes.

4. Concernant le culte de l'Église en tant que récit et mise en scène de l'histoire de Dieu

Nous appelons à un culte public qui chante, prêche et met en scène l'histoire de Dieu. Nous appelons à une réflexion renouvelée sur la manière dont Dieu opère pour nous à travers le baptême, l'eucharistie, la confession, l'imposition des mains, le mariage, la guérison et les charismes de l'Esprit, car ces actions façonnent nos vies et définissent le sens du monde. Ainsi, nous appelons les évangéliques à se détourner des formes de culte qui se concentrent sur Dieu comme un simple objet de l'intellect, ou qui considèrent le soi comme la source du culte. Ce type de culte a donné lieu à des formes de culte de type discours, orienté vers la musique, centré sur la performance et contrôlé par des programmes qui ne proclament pas de manière adéquate la rédemption cosmique de Dieu. Par conséquent, nous appelons les évangéliques à recouvrer la substance historique du culte fondé sur la Parole et la Table et à s'intéresser à l'année chrétienne, qui marque le temps selon les actes salvifiques de Dieu.

5. Concernant la formation spirituelle dans l'Église en tant qu'incarnation du récit de Dieu

Nous appelons à une formation spirituelle catéchétique du peuple de Dieu qui repose fermement sur un récit biblique trinitaire. Nous sommes inquiets lorsque la spiritualité est séparée de l'histoire de Dieu et du baptême dans la vie du Christ et de son Corps. La spiritualité rendue indépendante de l'histoire de Dieu est souvent caractérisée par le légalisme, une simple connaissance intellectuelle, une culture excessivement thérapeutique, le gnosticisme du Nouvel Âge, un rejet dualiste de ce monde et une préoccupation narcissique de l'expérience personnelle. Ces fausses spiritualités sont inadéquates pour les défis auxquels nous sommes confrontés dans le monde d'aujourd'hui. C'est pourquoi nous appelons les évangéliques à revenir à la spiritualité historique telle qu'elle était enseignée et pratiquée dans l'ancien catéchuménat.

6. Concernant la vie incarnée de l'Église dans le monde

Nous appelons à une sainteté cruciforme et à un engagement envers la mission de Dieu dans le monde. Cette sainteté incarnée affirme la vie, la moralité biblique et l'abnégation appropriée. Elle nous appelle à être des intendants fidèles de l'ordre créé et des prophètes audacieux dans notre culture contemporaine. Ainsi, nous appelons les évangéliques à intensifier leur voix prophétique contre les formes d'indifférence au don de la vie que Dieu offre, contre l'injustice économique et politique, contre l'insensibilité écologique et contre l'incapacité à défendre les pauvres et les marginalisés. Trop souvent, nous n'avons pas réussi à nous opposer prophétiquement à la captivité de la culture au racisme, au consumérisme, au politiquement correct, à la religion civile, au sexisme, au relativisme éthique, à la violence et à la culture de la mort. Ces échecs étouffent la voix du Christ dans le monde à travers son Église et détournent l'histoire de Dieu dans le monde, que l'Église doit collectivement incarner. Par conséquent, nous appelons l'Église à retrouver sa mission contre-culturelle dans le monde.

Epilogue

En résumé, nous appelons les évangéliques à recouvrer la conviction que l'histoire de Dieu façonne la mission de l'Église de témoigner du Royaume de Dieu et d'informer les fondements spirituels de la civilisation. Nous présentons cet appel comme une conversation ouverte et continue. Nous sommes conscients que nous avons nos angles morts et nos faiblesses. Par conséquent, nous encourageons les évangéliques à s'engager dans cet appel au sein des centres d'enseignement, des dénominations et des églises locales par le biais de publications et de conférences.

Nous prions pour que nous puissions avancer avec intention pour proclamer le Dieu aimant, transcendant et trinitaire qui s'est impliqué dans notre histoire. En accord avec l'Écriture, le credo et la tradition, notre désir le plus profond est d'incarner les desseins de Dieu dans la mission de l'Église à travers notre réflexion théologique, notre culte, notre spiritualité et notre vie dans le monde, tout en proclamant que Jésus est le Seigneur de toute la création.

© Northern Seminary 2006 Robert Webber et Phil Kenyon. La permission est accordée de reproduire l'Appel sous une forme inchangée avec une citation appropriée.

Commanditaires

Northern Seminary (*www.seminary.edu*)
Baker Books (*www.bakerbooks.com*)
Institute for Worship Studies (*www.iwsfla.org*)
InterVarsity Press (*www.ivpress.com*)

Cet *appel* est publié dans l'esprit du sic et non ; par conséquent, ceux qui y apposent leur nom ne sont pas nécessairement d'accord avec tout son contenu. Il s'agit plutôt d'un consensus sur le fait que ces questions doivent être discutées dans la tradition *de semper reformanda*, alors que l'Église fait face aux nouveaux défis de notre temps. Sur une période de sept mois, plus de 300 personnes ont participé par e-mail à la rédaction de l'*Appel*. Ces hommes et ces femmes représentent une grande diversité d'ethnies et d'affiliations dénominationnelles. Les quatre théologiens qui ont le plus participé à l'élaboration de l'*Appel* ont été nommés *rédacteurs théologiques*. Conseil de référence est investi de la mission spéciale d'approbation globale.

Si vous souhaitez être signataire de l'*Appel*, rendez-vous *sur www.ancientfutureworship.com*.

ANNEXE 6

LE CREDO DE NICÉE AVEC SOUTIEN BIBLIQUE

The Urban Ministry Institute

Nous croyons en un seul Dieu, *(Deut. 6:4-5 ; Mar. 12:29 ; 1 Cor. 8:6)*
    le Père tout-puissant, *(Gen. 17:1 ; Dn. 4:35 ; Matt. 6:9 ; Eph. 4:6 ; Ap. 1:8)*
    Créateur du ciel et de la terre *(Gen. 1:1 ; És. 40:28 ; Ap. 10:6)*
    et de toutes les choses visibles et invisibles *(Ps. 148 ; Rom. 11:36 ; Ap. 4:11)*.

Nous croyons en un seul Seigneur Jésus-Christ, le Fils unique de Dieu, engendré
    du Père avant tous les siècles, Dieu de Dieu, Lumière de Lumière, vrai Dieu
    de vrai Dieu, engendré et non créé, de la même essence que le Père,
        (Jean 1:1-2 ; 3:18 ; 8:58 ; 14:9-10 ; 20:28 ; Col. 1:15, 17 ; Hé. 1:3-6) ;
    par qui toutes choses ont été faites. *(Jean 1:3 ; Col. 1:16)*.

Qui, pour nous les hommes et pour notre salut, est descendu du ciel et s'est
    incarné du Saint Esprit et de la Vierge Marie et s'est fait homme
        (Matt. 1:20-23 ; Jn 1:14 ; 6:38 ; Luc 19:10).
    Qui, pour nous aussi, a été crucifié sous Ponce Pilate, a souffert et a été
    mis au tombeau *(Matt. 27:1-2 ; Mar. 15:24-39, 43-47 ; Act. 13:29 ;
        Rom 5:8 ; Hé. 2:10 ; 13:12)*.
    Le troisième jour, il est ressuscité selon les Écritures
        (Marc 16:5-7 ; Luc 24:6-8 ; Actes 1:3 ; Rom. 6:9 ; 10:9 ; 2 Tm. 2:8)
    est monté au ciel et est assis à la droite du Père *(Marc 16:19 ; Eph. 1:19-20)*.
    Il reviendra dans la gloire pour juger les vivants et les morts, et son
    Royaume n'aura pas de fin *(Ésa. 9.7 ; Matt. 24.30 ; Jean 5.22 ; Actes 1:11 ;
        17:31 ; Rom. 14:9 ; 2 Cor. 5:10 ; 2 Tm. 4:1)*.

Nous croyons en l'Esprit-Saint, le Seigneur et celui qui donne la vie,
        *(Gen. 1:1-2 ; Job 33:4 ; Ps. 104:30 ; 139:7-8 ; Luc 4:18-19 ; Jean 3:5-6 ;
        Actes 1:1-2 ; 1 Cor. 2:11 ; Ap. 3:22)*
    qui procède du Père et du Fils, *(Jean 14:16-18, 26 ; 15:26 ; 20:22)*
    qui, avec le Père et le Fils, est adoré et glorifié *(És. 6:3 ; Matt. 28:19 ;
        2 Cor. 13:14 ; Ap. 4:8)*.

qui a parlé par les prophètes. (*Nombres 11:29 ; Mic. 3:8 ; Actes 2:17-18 ; 2 Pi. 1:21*).

Nous croyons en l'Église, une, sainte, catholique et apostolique (*Matt. 16:18 ; Eph. 5:25-28 ; 1 Cor. 1:2 ; 10:17 ; 1 Tm. 3:15 ; Ap. 7:9*).

Nous reconnaissons un seul baptême pour le pardon des péchés, (*Actes 22:16 ; 1 Pi. 3:21 ; Eph. 4:4-5*).
Et nous attendons la résurrection des morts et la vie du siècle à venir. (*És. 11:6-10 ; Mic. 4:1-7 ; Luc 18:29-30 ; Ap. 21:1-5 ; 21: 22-22, 25*)
Amen.

LE CREDO DE NICÉE AVEC SOUTIEN BIBLIQUE – VERSETS À MÉMORISER

Veuillez trouver ci-dessous des suggestions de versets à mémoriser, un pour chaque section du Credo.

Le père

Apocalypse 4:11 – *Tu es digne, notre Seigneur et notre Dieu, de recevoir la gloire et l'honneur et la puissance; car tu as créé toutes choses, et c'est par ta volonté qu'elles existent et qu'elles ont été créées.*

Le fils

Jean 1:1 – *Au commencement était la Parole, et la Parole était avec Dieu, et la Parole était Dieu.*

La mission du fils

1 Corinthiens 15:3-5 – *Je vous ai enseigné avant tout, comme je l'avais aussi reçu, que Christ est mort pour nos péchés, selon les Écritures; 4 qu'il a été enseveli, et qu'il est ressuscité le troisième jour, selon les Écritures; 5 et qu'il est apparu à Céphas, puis aux douze.*

Le Saint-Esprit

Romains 8:11 – *Et si l'Esprit de celui qui a ressuscité Jésus d'entre les morts habite en vous, celui qui a ressuscité Christ d'entre les morts rendra aussi la vie à vos corps mortels par son Esprit qui habite en vous.*

L'Église

1 Pierre 2:9 – *Vous, au contraire, vous êtes une race élue, un sacerdoce royal, une nation sainte, un peuple acquis, afin que vous annonciez les vertus de celui qui vous a appelés des ténèbres à son admirable lumière.*

Notre espoir

1 Thessaloniciens 4:16-17 : « *Car le Seigneur lui-même, à un signal donné, à la voix d'un archange, et au son de la trompette de Dieu, descendra du ciel, et les morts en Christ ressusciteront premièrement. Ensuite, nous les vivants, qui seront restés, nous serons tous ensemble enlevés avec eux sur des nuées, à la rencontre du Seigneur dans les airs, et ainsi nous serons toujours avec le Seigneur.* »

www.ingramcontent.com/pod-product-compliance
Lightning Source LLC
Chambersburg PA
CBHW081630040426

42449CB00014B/3248